ルワンダ　ジェノサイドから生まれて

ジュールスへ

ルワンダ ジェノサイドから 生まれて

写真・インタビュー＝ジョナサン・トーゴヴニク
解説＝マリー・コンソレ・ムカゲンド
訳＝竹内万里子

AKAAKA

はじめに

ジョナサン・トーゴヴニク

私が初めてルワンダを訪れたのは、2006年2月のことだった。エイズの初の症例が確認されてから25周年を迎えるのを機に、HIV／エイズに関する記事を作るため、当時「ニューズウィーク」誌で健康医療の担当編集者だったジェフリー・カウリーと一緒に現地で取材を行なった。そのとき、オデットという女性と出会った。ルワンダでジェノサイド（集団殺害）が起きた際、残忍な性的暴力に遭い、そのせいでHIV／エイズにかかっていた。彼女のときほど力強く悲しいインタビューを、私はいまだに経験したことがない。オデットはどのように家族全員が殺されたか、そしてどのように自分が虐待されたかを詳細に語った。さらに何度も性的暴力を受けた結果、妊娠して男の子を産んだということも。オデットのすさまじい話は、私を再びルワンダに引き戻すことになった。同じような境遇の女性たちの話を記録し国際社会に伝えるという私自身の使命に取り組むために。

現地で活動するNGO（非政府組織）によれば、ジェノサイドの際の性的暴力によって、およそ2万人の子供が生まれたと推測されている。私はその子供たちの母親が受けた凶悪犯罪の詳細を明らかにするため、3年間ルワンダへ通った。

ここに掲載された30件のインタビューはすべて、それぞれの女性の自宅というプライベートな空間で行われている。話がどのような内容になるかをある程度予想はできても、実際に聞く内容について完全に覚悟しておくことは不可能だった。大半の女性は、自分の子供や周囲の人々にすらそれを話したことがなかった。にもかかわらず、どの女性も自分の苦しみの最も深い部分について、残虐行為を受けたために日々直面している問題について、話してくれた。彼女らはなぜ私がここにいるのかをわかっており、自分の話を世界に伝えたいと望んでいた。

母親が「私はこの子を愛していません」などと、いったいどうしたら言えるのか、なかなか理解できるものではない。あるインタビューで、そう言った母親は私の手に自分の手を重ねてこう続けた。「あなたがお訊ねになっていることはわかっています。質問の内容もよく理解しています。母親がこんなふうに言うなんてひどいということもわかっています。しかしそれがいま、私が感じていることなんです。いつかきっと、変わる日が来るでしょうが」。その一方で、子供こそ希望であり、子供がいなければ生き抜こうと思えなかったと語る母親たちもいる。その妊娠が暴力的な状況からもたらされたにもかかわらず、さらに自分の家族の殺害に手を染めた者が子供の父親であることが多いにもかかわらず、私がインタビューと撮影を行なった女性たちはみな子供の面倒を見て、母親としての責任を引き受けていた。本書に登場する母親たちは、人間が耐え得る最も過酷な苦悩を生き、それに伴う様々なトラウマと闘い続けている。私は、彼女らの立ち直る力と勇気に敬服する。疑いなく、彼女らこそ私がこれまで出会ったなかで最も強い人々である。

フツの民兵が行なった行為の残虐さは、理解を超えている――隣人、教師、聖職者、友人が、何の明白な理由もないまま、どうやって一夜のうちに殺人者や性的暴力犯になれたのか？　ルワンダに残された傷跡は徐々に癒されつつあるとはいえ、いまだに口がぱっくりと開いて生々しいままだ。私が出会った女性の半分以上は、HIVに感染していた。私はインタビューの締めくくりに、必ず同じ質問をすることにしていた。自分の未来を、そして子供たちの未来をどう考えているのかと。すると多くの母親は、明日自分に何が起こるかすらわからないと答えた。そこでさらに、もし手立てがあるならどんな将来を思い描くかと尋ねると、ほとんどすべての母親は子供の教育のことを語った。とりわけ母親に先立たれた場合、子供が自力で生きる術を身につけておくことがいかに大切かということを。

私は、このように繰り返し聞かされることになった彼女らの訴えに、そして女性と子供たちが日々直面している信じがたい困難に深く心を動かされた。そして生涯で初めて、彼女らの話を記録する以上の何かをせざるを得ないと感じた。行動へと突き動かされ、私はNGOの専門家で作家でもあるジュールス・シェルと一緒に、ジェノサイドの際の性的暴力によって生まれた子供たちの生活を改善するために「ルワンダ財団」という非営利団体を設立した。この財団は、こうした子供たちが中等教育を受けるための資金を援助し、母親に対しては既存の精神的ケアや医療サービスへの紹介を行なう。さらに写真と新しいメディアを通じて、ジェノサイドと性的暴力がもたらした結果について人々の意識を高めるように働きかける。本書はこうした一連の仕事から生まれたものであり、母親たちの声に耳を傾けるための場を提供する。

本書がはらむ問題は、ルワンダの女性や子供たちだけに関するものではない。ルワンダで殺人や性的暴力や傷害を犯したフツの民兵の多くは、コンゴ民主共和国や近隣諸国へ逃げた。彼らはいまもなお現地で大規模な暴力行為を繰り広げ、多くの少女や女性たちを暴行しているのである。驚くべきことに、世界はこの地域に対して何も新たな行動を起こそうとしていない。

本書に登場する女性の多くは、治療を始めて自分のことを話せるようになるまでに10年以上の年月がかかっている。なかには、自分の体験を語ったのは今回がまったく初めての女性もいる。残念ながら、コンゴ、ダルフール、さらに世界各地で起きている性的暴力の被害者たちは、ルワンダの女性と同じ問題に直面している。私が何よりも願うのは、本書で彼女らの話を読み、その写真を見ることによって、同じような暴力行為が二度と起こらないように、そしてこれらの家族により明るい未来が訪れるように、人々が行動を起こすきっかけとなることである。

性的暴力によって生まれた子供を育てるルワンダ女性の苦闘

マリー・コンソル・ムカゲンド

オデットは28歳。オデットの暮らす地域社会にとって、彼女は存在していない。悲惨なジェノサイドを性的暴力の犠牲者として生き延び、そのせいで子供を産んだにもかかわらず、そのことを恥辱とされ、自分の家族と地域社会から追放されたままなのだ。何千人もの女性たちが、彼女と運命を共にしている。オデットは、写真家のジョナサン・トーゴヴニクに語った力強い証言のなかで、自分と同じようなルワンダ女性たちの苦しみを忘れないでほしいと世界に訴える。

「私たちの周りには、壊れて引き裂かれた家族があります。私たちは人間としてではなく動物のように扱われました。どうかすべての人の人権が守られるよう、世界に保障してほしいのです。しかし何よりも、性的暴力が二度と誰の身にも起きないようにしてほしいのです。なぜなら、性的暴力は犠牲者ひとりひとりだけでなく、それによって生まれた子供たちにも大きく影響するからです」

あれから15年が経過した現在でも、ジェノサイドと組織的な性的暴力を生き延びたルワンダの女性たちは、絶対的な沈黙のなかで想像を絶する苦しみを生きている。ジェノサイドの際に性的暴力を受けたという事実を明かせば、いまなお子供と共に恥をさらすことになる。しかし子供が成長するにつれて、母親たちは日々の生活と教育を守るために苦闘する自分たちの存在を世界に認めさせたいと望むようになった。

1994年4月から6月にかけて、中央アフリカの小国ルワンダにおいて、100日間に80万人以上のツチと穏健派のフツの人々が殺された。1994年4月6日、フツ出身のルワンダ大統領ジュベナル・ハビャリマナが乗っていた飛行機が、キガリ空港上空で撃墜された。この大統領の死が、ジェノサイドに火をつけた。フツはツチの大量虐殺を開始し、何十万、あるいはそれ以上の人々が性的暴力を受け、拷問され、殴打された。国際社会はこのジェノサイドを止めさせることができず、ルワンダや近隣諸国に設けられた難民キャンプではその後およそ3年間にわたって不安定な情勢が続いた。

「インテラハムウェ」と呼ばれるフツの民兵組織は、ジェノサイドとそれに続く時期に、拷問や搾取を含む性的暴力を、主にツチの女性に対して武器として用いた。多くの場合、まずその地域にいるツチの男性が殺された。その後、女性たちは他の家族が拷問されて殺されるのを見ているよう強制された。そして、苦痛に満ちた性的暴力が延々と続いた。このような性的暴力は、ツチの集団を一掃しようという組織的な試みであるだけでなく、女性たちに口では言い表せない苦悩を経験させ、彼女らの明るい未来への希望を完全に打ち砕こうとするものでもあった。実際、女性の大半は悪夢や肉体的損傷、精神的問題など、ジェノサイドの後遺症によって苦しみ続けている。このようにして、ある世代の女性たちの肉体的、感情的、道徳的な幸せは、取り返しがつかないほどに損なわれてしまったのだ。

性的暴力の実際の被害者数に関して、国家レベルで手に入る情報は乏しいが、ヒューマン・ライツ・ウォッチ（訳注：1978年に設立された非営利の国際人権組織）が2000年に行なった調査によれば、ジェノサイドの際に組織的な性的暴力の被害を受けた女性はおよそ50万人と推定されている。ルワンダでは妊娠中絶は違法であり、多くの女性は子供を堕ろすためにもっと原始的な方法を用いたり、中絶手術を受けるために隣のコンゴ民主共和国へ渡ったりした。フツの民兵を父親にもつ子供を育てるなど、とても考えられないことだったからだ。その一方で、ジェノサイドの後に子供を産み、いまその子供をひとりで育てている女性たちも多い。

ルワンダの国立人口局は、強制的な妊娠によって生まれた子供の数を、2千人から5千人と推定している。しかし被害者団体の情報によれば、その数は実際1万人からおよそ2万5千人に及ぶという。ルワンダはきわめて父権制的な社会であるため、子供は父親の一族と見なされる。つまり、内戦時の性的暴力によって生まれた子供は、その地域に暮らす大半の人々にとっては敵側の存在として受け止められるのである。彼らはしばしば「悪しき記憶の子供」とか「憎しみの子供」と呼ばれ、母親や地域の人々から「小さな殺人者」と言われることもある。それゆえ、母親が性的暴力の事実を明らかにした途端、家族から拒絶され、地域社会から何の支援も得られなくなってしまう。そこには、ジェノサイドが人々の心に残した深い傷がある。大多数の女性は当時まだ少女だったので、公的にも私的にも性的暴力の事実を認めてしまえば、結婚という将来の希望は打ち砕かれてしまう。11歳になるトマスの母親ジョゼットは、次のように説明する。「叔父は、私を家に入れてくれませんでした。誰のせいで妊娠したのかと聞かれたので、私はたくさんの民兵に暴行を受けたせいに違いないと答えました。すると、フツの赤ん坊を抱えて家に入るなと言って、追い払われました。私はその場を立ち去りましたが、他に行くべき場所もありませんでした」。このような母親と子供たちは地域社会から拒絶され、支援を得るためにいまなお大変な苦労をしている。

性的暴力によって生まれたルワンダの子供は、「弱い立場にある子供」と呼ばれる集団に含まれる。つまり孤児であるということ、もしくは片親がジェノサイドの生存者であるということが証明できる限り、一定の支援を得る権利をもつ。しかし多くの場合、この方針はジェノサイド以前もしくはジェノサイドの間に生まれた子供に適用され、その後に生まれた子供には適用されない。内戦の最中に身ごもった子供であっても、それゆえに父親がいない場合、政府はその子を「弱い立場にある」と認定できないのである。支援を受ける資格を得るには、母親は自分が性的暴力を受けた事実を明らかにしなければならない。しかしそれは公に語られたり、子供に話されたりしていないことがほとんどである。しかも、たとえ女性が性的暴力の事実を明らかにしたとしても、支援者の側が抱く偏見のせいで支援が受けられなくなる危険もある。このように様々な要素が絡み合っているため、ジェノサイドの子供たちは、他の弱い立場に置かれた子供たちのようには、政府からの必要不可欠な手助けや介入を受けられないことがよくある。

いままでのところ、性的暴力によって生まれた子供を認定し、母子が置かれた窮状を見極めるための組織的な試みは何も行われていない。ジェノサイドの生存者や孤児のためのプログラムや国際支援はすでにあるが、性的暴力の犠牲者というこの特別な集団は、その立場が負う恥辱と語りづらさのために隙間へ入り込んでしまっていた。オデットは次のように説明する。「さらに健康上の問題もあります。性的暴力にまつわる多くの病気は、簡単に口にできるものではありません。そのため女性たちは誰にも打ち明けられず、自分の過去と健康について沈黙を守っているため、その多くが死にかけています」。したがって、この母子集団へ手を差し伸べるにあたって真の課題となるのは、彼らにこれ以上の汚名を着せないよう、内密に認定と調査を進められる保護的な手段とシステムを作り出すことである。最も重要なのは、子供と母親の権利を保障し、よりよい未来への希望を与えることである。だがいまのところ、母親たちは沈黙のなかで苦しみ、地域社会や政府からごくわずかな支援しか受けず、自分と子供の未来がどうなるのかを恐れながら孤立し、多くの困難に直面している。

健康省と国立人口局が2001年に実施した調査によれば、ルワンダの全家族の36パーセントは、女性を家長にもつ。ジェノサイドとそれに続く時期における性的暴力の犠牲者は、家計の厳しい圧迫に直面している。ジェノサイドの際に何度も性的暴力を受けた女性が、生活を支えるために売春せざるを得ないというケースもある。世界銀行によれば、ルワンダ女性の97パーセントは自給のための農業によって自分と家族を養っている。しかし暴力を受けたことによる肉体的な障害に苦しむ多くの母親は、そのようにして家族を十分に養うことができない。キャサリンは最近の証言のなかで、ジェノサイドの後、さらに出産した後の家計は大変厳しいものだったと語る。「出産から2年間、私には自分と子供を養うすべがありませんでした。そこで売春をしたのですが、ひどいことにまた妊娠して子供を産みました。今度は性的暴力の結果ではなく、子供を育てるために行なった売春の結果として」。女性がほとんど何の支援もないまま、自分の精神的、肉体的な健康を維持するのに加えて、ひとりで子供を育てるというのは非常に困難なことである。

この社会的・経済的な現実は、HIV／エイズの世界的流行によってさらに悪化した。性的暴力の被害者がHIV／エイズにかかった理由はそれだけではないとはいえ、1994年の大規模な性的暴力はHIVウィルスの流行に大きく関与した。ユニセフによれば、ジェノサイドの際に性的暴力を受けた女性の70パーセントはHIVに感染している。ヒューマン・ライツ・ウォッチは、ルワンダで性的暴力によって生まれた子供たちの大半は、15歳になるまでに母親をHIV／エイズで失うことになるだろうと予測している。エイズは、女性たちの最大の死因のひとつであり続けている。

多くの性的暴力の被害者にとって、抗レトロウィルス薬（ARV）治療はいまだに限られたものだ。彼女らには医療ケアを受ける余裕もなく、ルワンダの医療制度は母子に対して適切な医療サービスを保障していない。必要な手段が不適切にしか提供されていないことに加えて、抗レトロウィルス薬治療がきわめて高額であることが、この状況をいっそう悲惨なものにしている。

HIV／エイズの世界的流行は、いまなおジェノサイドの余波を生きる母親たちの個人的な苦闘をさらに悪化させるばかりである。すでに彼女らは地域社会のなかできわめて弱い立場へ追い込まれている。その健康がさらに悪化すれば、自分の面倒すら見られなくなるだろう。子供が学校を辞めて母親の面倒を見、家事に従事せざるを得なくなったケースも多い。このような状況がさらに広がり、基礎教育を受けない世代が生まれれば、ルワンダの未来にほぼ確実に影響が及ぶことだろう。

ルワンダでは、子供は7歳で学校に通い始める。初等教育と中等教育はそれぞれ6年間ある。政府は文部省を通じて初等教育を無料化する政策を実施している。学齢児童の大部分は孤児と性的暴力によって生まれた子供で占められているが、政府はただ機械的に孤児に対して中等教育の学費を免除するだけで、性的暴力によって生まれた子供には免除しない。そのため、多くの児童が基礎的な中等教育を受けられずにいる。

性的暴力によって生まれた子供をもつ家庭は非常に貧しく、学費だけではなく制服や基本的な必需品を買うのにも苦労している。その家計の負担を軽くするため、政府は制服を義務から外したが、この方針がすべての地域で採用されたわけではない。性的暴力によって生まれた子供をもつバーナデットは、次のように証言している。「息子の未来について考えるたびに、私は何の確信ももてなくなります。それが一番の問題です。私がペンや本を買ってやれないので、一学期じゅう家にいることもあります。私をひどく苦しめるものがあるとすれば、それは息子の明日です」

なんとか子供を中学校へ入れたとしても、母親の多くは瞬く間に金が底をつき、学校へ通わせ続けることができない。さらに母親自身が病気であったり、HIV／エイズで苦しんでいたりすることも多いため、子供たちは学校を辞めて母親の面倒を見なければならなくなる。こうした子供の多くは母親と他の兄弟を養うために、わずかな収入で小さな仕事をせねばならない。

政府は将来、すべての子供が基礎教育を受けられるように、初等教育の６年間だけでなく、その後の３年間についても無料化を拡大することを計画している。しかしジェノサイドの子供たちはすでに中等教育の年齢に達しており、それを待っている余裕はない。

中等教育に関しては、性的暴力によって生まれた子供をもつ母親には、自治省を通じて政府に学費の援助を申請する権利がある。もしくは「ジェノサイド生存者基金」を通じて、学費や寮費や他の費用を払ってもらうことも可能である。しかしそのためには、自分が性的暴力を受けた状況を証明するという精神的負担が求められる。母親が親族や地域社会から追放されるのではないかと恐れ、沈黙のなかに隠れている限り、これらのプログラムが実効的な解決策を提供することはないだろう。彼女らを助けるためには、申請手続きにおいて本人が汚名を着せられることのないよう、秘密が守られるような別のアプローチをとる必要がある。

「ルワンダ財団」は、ジョナサン・トーゴヴニクとジュールス・シェルが設立した新しいNGOであり、こうした母子が抱える問題に取り組んでいる。ルワンダにおいてはまだ比較的新しく発展中の試みではあるが、これはちょうど中等教育の年齢に差しかかる子供たちに対してきわめて必要な機会を現実に約束するものである。

彼女らの問題にきちんと取り組むためには、ジェノサイドの際に性的暴力を受けた女性たちと、それによって生まれた子供たちが、国家的、国際的なレベルで関心を集める必要がある。彼女らは人権侵害の危機に直面しており、特に生き長らえて健康的な生活を送る権利を侵されているという点で、特別な注意と保護を受けるべきである。社会的・文化的な規範によって、彼女らは地域社会と親族全体の周縁へと追いやられ続けている。ジェノサイドの子供たちが成長するにつれて、母親たちは家族の将来を計画する上でほとんど克服しがたい困難に直面している。彼女らが政府のプログラムに加わることもできずに不名誉な立場に置かれている限り、母子の輝かしい未来を確かなものにしようとするいかなる試みも行き詰まることだろう。この国は、弱い立場に置かれた女性と子供を見捨てるという危機に直面している。ルワンダのジェノサイドから15年が経ったいま、国際社会がこの暴力の犠牲者たちへ有効な援助の手を差し伸べることが、かつてなく緊急に求められている。

マリー・コンソレ・ムカゲンド
ルワンダ生まれ。５年以上にわたり国連児童基金と共に活動。
紛争地帯などにおける子供の権利問題を専門とし、モザンビークのマプトを拠点に活動している。

ルワンダ共和国
0
1000KM

日本

ジョゼットと息子トマス

GUARANTEED AFRICAN PRINT

トマス

フツの赤ん坊を抱えて
家に入るなと言って、
追い払われました。

民兵たちは、これから私たちを暴行すると言いました。
ただし「結婚する」という言葉を使って。
おまえたちの息が絶えるまで結婚してやる、と。

ある日の夕方、フツの民兵たちがやって来て私たちを家の中に閉じ込めました。そして、これから私たちを暴行すると言いました。ただし「結婚する」という言葉を使って。おまえたちの息が絶えるまで結婚してやる、と。その晩、私は姉に覚悟しなさいと言われました。姉はすでに暴行されていたのです。私は、セックスがどういうものか、まったく知りませんでした。その日以来、民兵たちは朝ここを出て、夕方になると服と鉈《なた》を血だらけにして戻って来ました。そして私たちに、その服と鉈《なた》を洗うよう命じました。彼らには他にやることがあったので、それが私たちの日課になりました。彼らが服を血だらけにして戻ると私たちがそれを洗い、夜になると暴行されました。そして翌日、彼らがまた殺しに出かける、という日々が繰り返されたのです。それが、私たちの生活パターンでした。

毎朝、私たちは10回殴られました。男たちは殴り終えると次々に入れ替わりました。ついにある日、姉はあまりにも辛いから一緒に死のうと言い出しました。近くには、姉が噂を聞きつけた川がありました。こんなに苦しむよりも川に身を投げて死んだほうがましだと思い、私たちはそこへ向かいました。しかしたくさんの死体が浮かんでいて、私たちは怖くて川面まで辿り着けませんでした。

そのとき、姉は妊娠していました。私も自分が妊娠していることに気づきました。私は身体が弱かったので、もう歩くことすらできませんでした。性器がひどく痛みましたが、彼らは暴行をやめようとはしませんでした。ついに彼らは姉を切りつけ、その3日後、姉は死にました。そのときになって、私は自分も殺されることになると気づきました。姉の子供は生後5日目でしたが、その子も一緒に殺されたのです。

叔父は、私を家に入れてくれませんでした。誰のせいで妊娠したのかと聞かれたので、私はたくさんの民兵に暴行を受けたせいに違いないと答えました。すると、フツの赤ん坊を抱えて家に入るなと言って、追い払われました。私はその場を立ち去りましたが、他に行くべき場所もありませんでした。その後、叔父は子供を手放すなら家に来てもいいと言いました。生活はとても厳しかったので、私は応じざるを得ませんでした。そこで森へ行き、子供を置き去りにしたのですが、いざ車に乗り込もうというときになって、私は取り乱してしまいました。そして結局この子を探し出し、ふたたびこの胸に抱いたのです。叔父は、この子の面倒を見るなら帰って来るなと言いました。

私は正直でなければいけません。私は、この子を決して愛してはいません。この子の父親が私にした行為を思い出すたびに、それに対する唯一の復讐は、その息子を殺すことだと感じてきました。でも、私は決してそれを実行に移しませんでした。この子を好きになろうと努力してきましたが、それでもまだ好きになれずにいます。この子はあまりにも頑固で性質が悪く、ストリート・チャイルドのように振る舞います。それはこの子が私に愛されていないことに気づいているからではなく、血のせいなのだと思います。

ステラと息子クロード

ルワンダのことはあまり考えません。
息子のことを考えます。
この子はまるで枝のない木のようです。

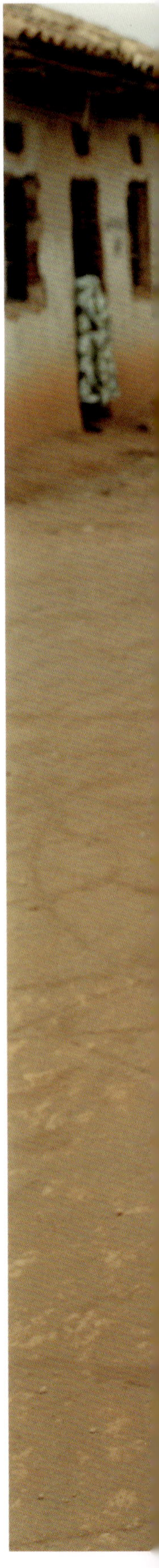

63

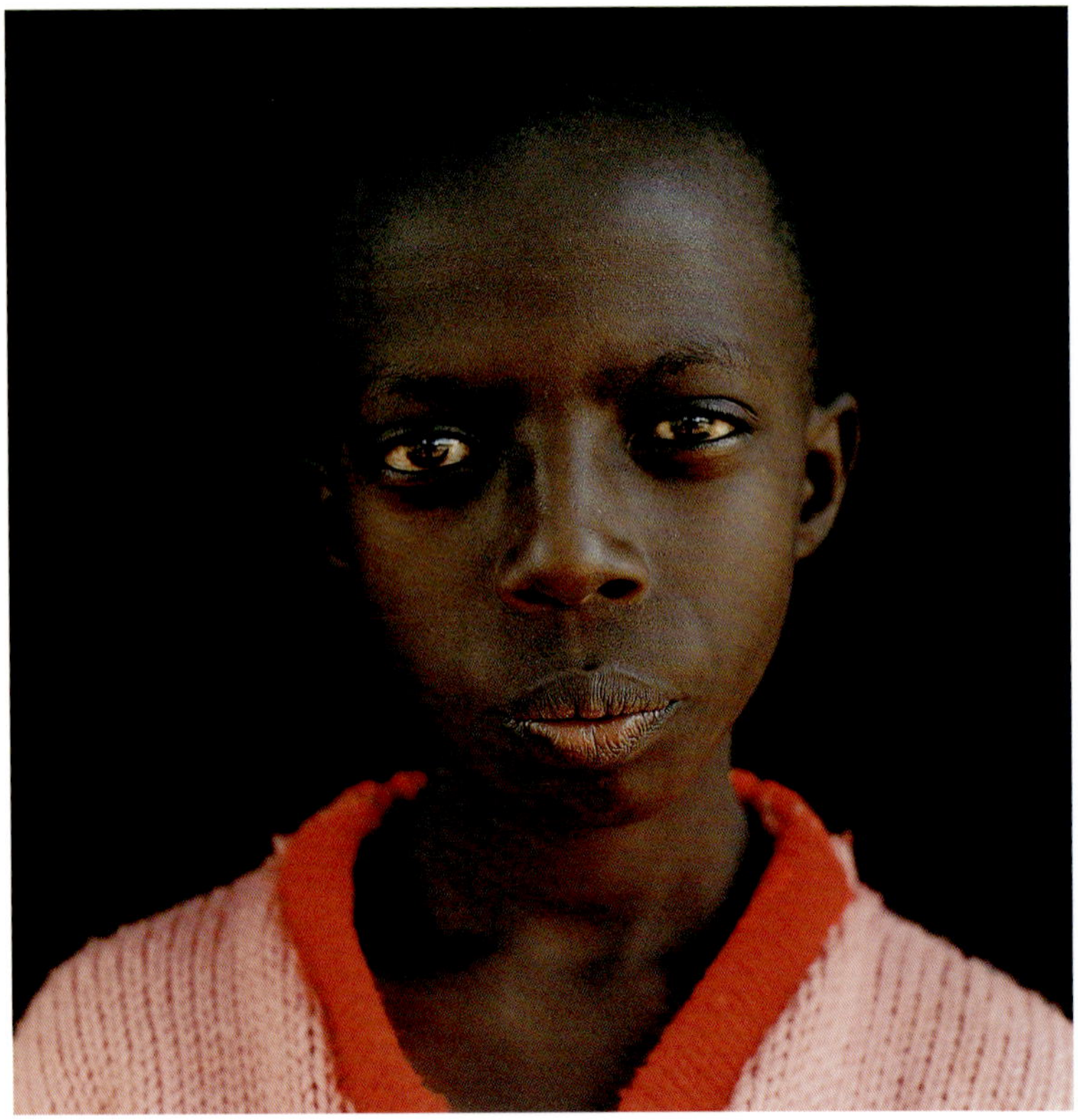

クロード 1

誰にも暴行されずに夜が明けたときは、驚きでした。

ときどき、私は自分がどこにいるのかわからなくなります。私たちは今日こうして話しているようですが、突然、私は自分がコンゴの森の中にいると思ってしまいます。あたりを見回すと、男たちが走って私を追いかけたり、暴行したりしているのです。そして次の瞬間に、自分が普通の場所にいることに気づきます。私はこういう幻覚や悪夢に悩まされてきました。克服できたことはありません。

民兵は私たちを森の中へ連れて行きました。とても卑劣な奴らで、次々に暴行を始めました。そして私たちをついに死んだものと思ってその場に置き去りにしました。すると、それを目撃していた近所の親切なフツの女性が、まだ息があるかを確かめにやって来ました。彼女は私たちを自宅へ連れて行き、お粥をくれました。ところが、民兵たちはそれに気づいて、なぜゴキブリを助けるのかとその女性を責めました。女性は脅迫に怯えて、私たちに帰ってくれと言いました。そこで私たちは、夜が来ると藪の中で眠りました。毎日、毎晩、別の男が私にセックスを強要しました。誰にも暴行されずに夜が明けたときは、驚きでした。

息子は 1995 年 7 月 7 日に生まれました。私はこの日を決して忘れないでしょう。生まれたらすぐに死んでほしいと思っていました。しかし驚いたことに、母乳が全然出なかったにもかかわらず、この子は死ななかったのです。ほとんど骸骨のようでした。そしてその後もなお、ある男が私にまとわりついて相変わらず暴行し続けました。

私が抱えている問題は、この子、私の息子のことです。ルワンダのことはあまり考えません。息子のことを考えます。この子はまるで枝のない木のようです。私はこの子と 2 人きりです。年老いた母をのぞいて、他に生き残った親戚はいません。この子は私の命です。私が手にする唯一の命なのです。もしこの子がいなければ、自分がどうなっていたかわからないほどです。もしいま私が死んでしまったら、この子はどうなってしまうでしょう？　内戦前のように生きられたら本当に幸せだったことでしょう。息子にも未来があったことでしょう。

ルワンダでジェノサイドが起こり、誰も経験したことのないような苦悩を私たちが経験したということを、あなたに世界へ伝えてほしいのです。ジェノサイドが残したものだけでも、それと共に生きてゆくのは非常に大変なことです。国際社会は私たちを助けなかったのですから、それを償うべきです。いまジェノサイドの後を生きている私たちを、助けにやって来るべきです。

ジャスティーンと娘アリス

アリス

安全だと思って私たちは近くの教会へ行きました。そこで、私以外の家族全員が殺されました。

安全だと思って私たちは近くの教会へ行きました。そこで、私以外の家族全員が殺されました。1959年に同じようなことがあったとき、教会に避難した人々は攻撃を逃れることができました。だから私たちの両親は今回も安全だろうと思ったのでした。

私たちは２週間そこにいました。４月９日、私は民兵たちに捕まり、暴行されました。私たちは教会の一室に隠れていましたが、民兵たちに集められ、バナナの農園へ連れて行かれました。そこで私は暴行されたのです。ある民兵は私を３日間セックスの道具として連れまわしました。３日間、私はその男の「妻」でした。その後、家の近くに戻ると、食料と財産はすっかり略奪されてしまっていました。教会へ走って帰ると、家族はすでに死んでいました。私は混乱して途方に暮れましたが、RPF（訳注：ツチ系の「ルワンダ愛国戦線」）の兵士たちが私を見つけ、助けてくれました。私の父も母も兄妹も、全員が殺されました。およそ５千人がその教会に避難していましたが、助かったのは100人もいませんでした。

その頃、私はそれほど身体に傷があったわけではありません。他の人たちに比べれば、私はまだましな状態でした。そこでボランティアで掃除や洗濯の仕事をしていたところ、この病院が仕事をくれました。出産するまではどうにかやれていましたが、姉が子供を残して亡くなったので、孤児となったその子を私ひとりで世話することになりました。しかし私は十分に強くもありませんし、こうした子供たちの面倒を見ることを仕事にしているわけでもありません。いまの私には家もないので、病院の一室を借りて暮らしています。シェルターを手に入れられたら、孤児の子たちとみなでそこに住んで、彼らの面倒を見たいと思っています。

バーナデットと 息子フォースティン

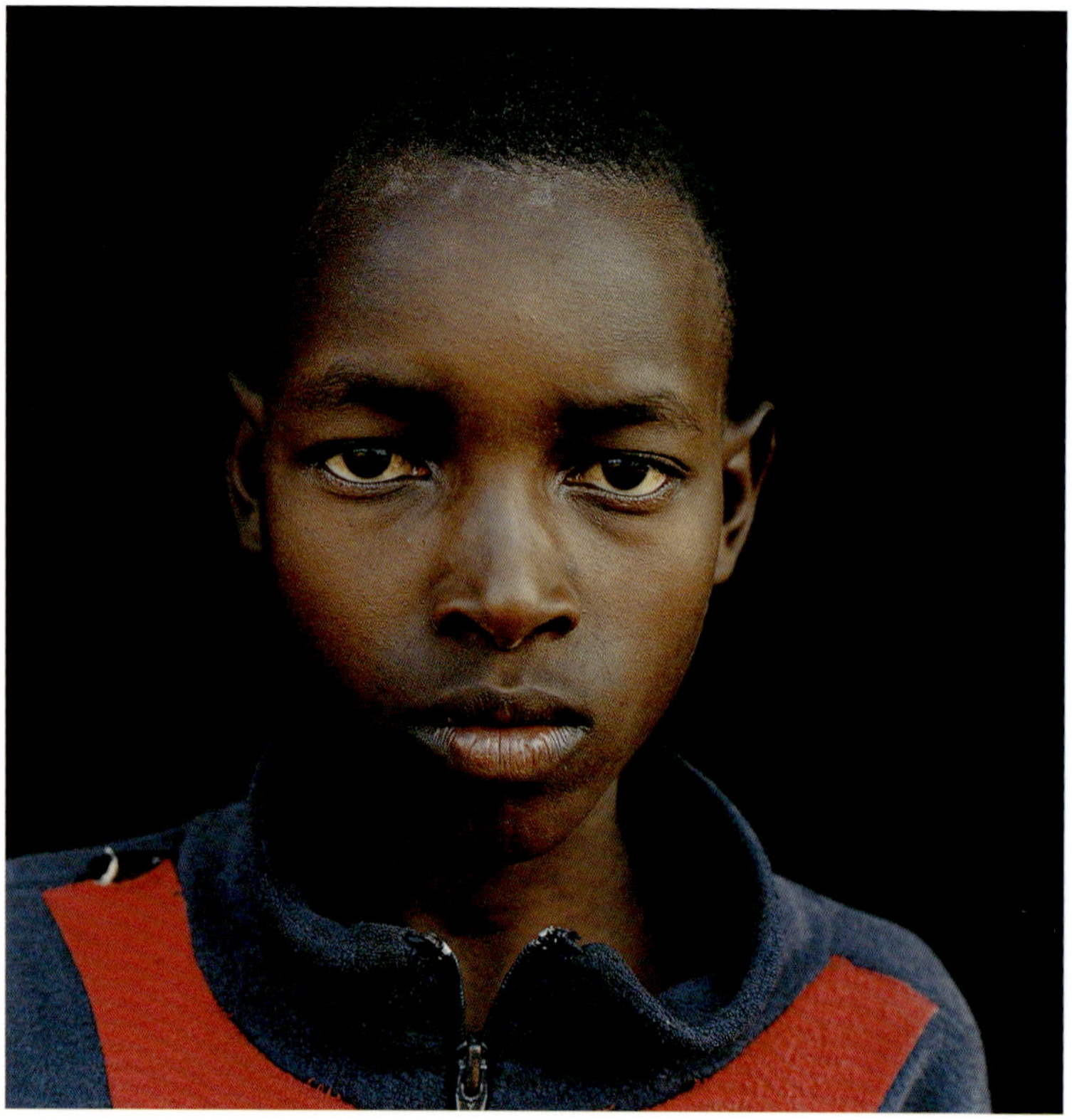

フォースティン 1

私をひどく苦しめるものがあるとすれば、それは息子の明日です。

　母は私をなんとか救おうとして、フツの民兵と交渉しました。すでに私たちは兄のターゲンを救うために、ユーカリノキの農園の一部を差し出していました。まさか彼らが女性を殺すような人間だとは思っていませんでしたが、その民兵は３日後にふたたびやって来て、土地はもういらないと言ってこう切り出したのです。「おたくの娘が欲しい。この女の子が」。母は断り、土地でもう十分でしょうと答えました。すると他の民兵を連れてまた戻って来て、私を森へと連れ出しました。その男は民兵たちを集めて私を暴行し、自分と永遠の関係をもつ以外におまえに選択肢はない、と言いました。

　私はいつも勝気だったので、その男は他の民兵たちに、私の身長を低くするように命じました。そこで民兵たちは私の脚を棍棒で殴りました。脚を切り落とすのではなく、粉々になるまで打ち砕いたのです。私は動けませんでした。全身が震えていました。その後、私はツチの難民キャンプへ行きましたが、この男のせいで妊娠したことにはまだ気づいていませんでした。私は妊娠と、膨れ上がった片脚という２つの問題を抱えました。脚にたくさん膿がたまっていましたが、脚はまだ切り落とされませんでした。

　この子を産んでも誰も幸せにならないとわかっていましたが、覚悟はできていました。わくわくしていました。もし私を苦しめたいなら、この子を憎んでみせればいいでしょう。私が母親であることは確かです。けれども、私はしかるべき母親ではありません。おそらく神様が、これを私の人生としてお選びになったのでしょう。私はそれを受け入れました。しかし、もしジェノサイドがなかったら、自分はもっといい母親になっていただろうと思います。

　私の家族は、この子が気に入らないということをあからさまには見せませんでした。ルワンダ人にとって、子供は天使であり、無垢な存在なのです。子供に父親の罪をかぶせることはできません。私の家族はこの子を受け入れましたが、それは私の家族としてであって、この子の父親の家族とは関係ありません。

　息子は12歳になります。このことをきちんと息子と話し合ったことはありませんが、この子は知っていると思います。以前、息子が誰かに「おまえは民兵の子だ。おまえの父親は牢屋にいる」と言われ、泣いて帰って来たことがあります。私が人生に用いる哲学は、笑うことです。そこで私は笑ってこう言いました。「それがどうしたの？　それで泣くことがあるの？」息子に考える力があれば、私の笑い方から何かを学ぶはずです。民兵の子だということを、私はこの子に認めたのです。

　息子の未来について考えるたびに、私は何の確信ももてなくなります。それが一番の問題です。私がペンや本を買ってやれないので、一学期じゅう家にいることもあります。私をひどく苦しめるものがあるとすれば、それは息子の明日です。

バレリーと息子ロバート

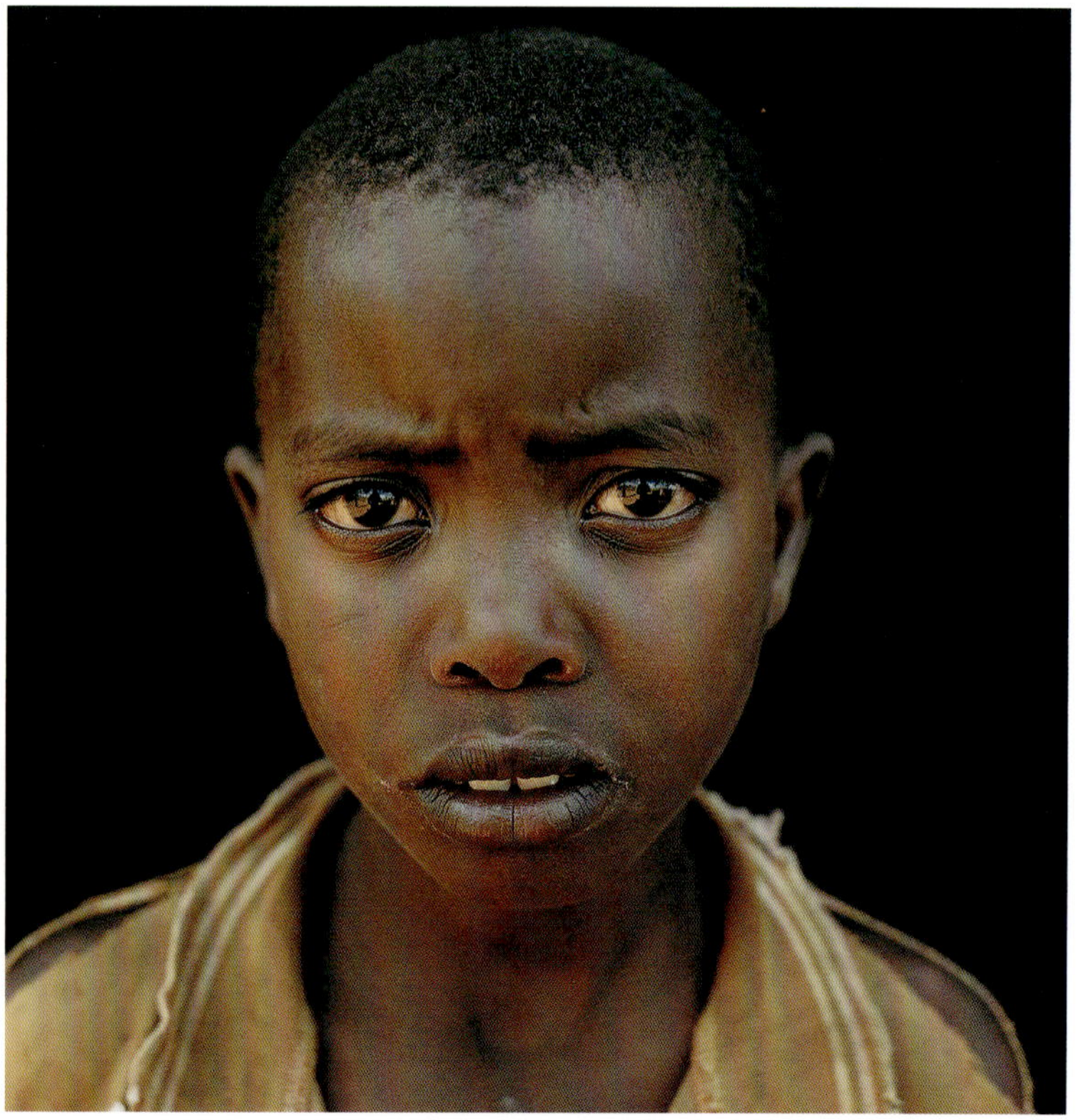

ロバート 1

ジェノサイドが始まったとき、私は15歳でした。この地域に住むツチの人は、仲間の男の人たちが抵抗している丘の方へ向かって走って行きました。私たちはそこで抵抗を続けましたが、4月18日、大統領の護兵に制圧されてたくさんの人が殺されました。私の2人の兄弟が殺され、姉、父、そして母も死にました。

その翌朝、目が覚めると、声が聞こえました。もしかしたら父と母ではないかと思い、走って確かめに行きました。するとそこにいたのは、私の両親ではなく近所の人たちでした。フツの民兵に捕えられていたのです。民兵のひとりが私に、金はあるかと聞きました。お金を渡すと、彼らは立ち去り、この道を歩いて行くようにと言われました。まさかそれが、残忍な民兵たちが待ち構える封鎖地点へ至る道だとは知らされぬまま。

封鎖地点にいた民兵の中に、叔母の知り合いがいました。彼は、私が叔母と関係があるのかと尋ねました。そうだと答えると、彼は叔母のところに連れて行ってあげようと言い出しました。叔母はとても喜んで、私を救ってくれたお礼にと、彼に一頭の山羊を差し出しました。ところが、それからしばらくして、その民兵はまたやって来て、私を連れて行きたいと言い出したのです。叔母は連れて行かないでくれと懇願しましたが、民兵はこう言い切りました。「連れて行くか、ここでいますぐ殺すかのどちらかだ」

その晩から2週間、彼は私を暴行し続けました。RPFが村に近づいて来ると、民兵たちは怯え始めました。その男は、夜になったら他の民兵が私を殺しにやって来るだろうが、もし自分を信頼するなら救ってやろうと言いました。私に選択の余地はありませんでした。男は私を親戚の家へ連れて行きました。その後、RPFが政府を乗っ取ったと聞いて、その男が亡命を決意すると、私たちはタンザニアへ行きました。そして私が妊娠していると気づくと、彼は私が自分の「妻」であると宣言しました。

ジェノサイドのときに暴行されるまで、私は一度もセックスをしたことがありませんでした。私はその男を全然愛していませんでしたし、いつも彼を恐れていました。いまでも、人々がセックスを楽しむと聞いても、セックスを楽しむということがどういう意味なのかわからないのです。私にとってセックスは拷問であり、苦しみと結びついています。タンザニアに来て2年目、彼は私と教会で結婚式を挙げると言い張りました。またもや選択の余地はありませんでしたが、ルワンダに戻ったとき、私は教会へ行き、自分の身に起きたことを説明して離婚を申し出ました。最初は断られましたが、困り果てた私は大教区長に手紙を書き、事情を説明しました。大教区長から理解が得られたおかげで、教会は私に離婚を許してくれました。いま、私は自由の身です。満足し、希望をもち、神と、私たちを支えてくれる支援団体を信じています。彼らは前向きに生きるよう、私たちを励ましてくれます。何をするときでも、私の両親を殺した男たちに笑われないように努力しています。それどころか、彼らは私が毎日前に向かって生きているのを見ることになるでしょう。

バレンタインと娘アメリー、アイネズ

アメリー

私の愛は引き裂かれています。しかし次女に罪はないということを、私はゆっくりと理解し始めています。

4月9日、あの運命の日、彼らは夫の家を襲いました。夫がRPFのシンパだと思われたからです。私たちはハネムーンから戻ったばかりでした。結婚して3ヶ月、私は妊娠2ヶ月で、お腹に娘がいました。

民兵のリーダーは残忍で、私の脚を槍《やり》で突きました。そして毎晩私を暴行し、昼間は部屋に閉じ込めました。すると、夫の友人だったある男が親切なふりをして、大変な目に遭ったので自宅に連れて行ってあげようと言いました。彼は自分の妻に、妊婦の私をベッドで眠らせてやってくれと頼みました。妻がそれを承諾して家を離れると、彼は私を暴行しました。

コンゴの難民キャンプにいたとき、私は長女を産みました。幸い、娘は生きていました。私はそこでもその男や他の男たちにさんざん暴行されました。そして直後にまた妊娠しました。ある日、私は人々をルワンダへ送り返すトラックに乗りました。到着すると、自分の家族について知らされました。家族は全員殺されていたのです。私には２人の姉妹と３人の兄弟がいましたが、その全員が死んでいました。私は家族で唯一の生き残りでした。母と父とその５人の成長した子供たちが死にました。私だけが生き残りましたが、私には２人の子供がいました。

いまこうしているように、座って話すことができるようになるには、長い時間がかかりました。私はジェノサイド未亡人協会へ行き、カウンセリングとサポートを受けて、話をするよう励まされました。

私は長女のほうをより愛しています。なぜならこの子は、愛の結果として産まれた子だからです。長女の父親は私の夫でした。しかし次女は、望まれない状況の結果です。私はこの子の父親を決して愛したことはありません。私の愛は引き裂かれています。しかし次女には罪がないということを、私はゆっくりと理解し始めています。以前、次女がまだ赤ん坊だったころ、私はこの子を泣くままにさせました。食事のときには、次女よりも長女に食べものを多くやりました。近所の人たちからそうしてはいけないと諭されるまでは。そしてやっと、この子も自分の娘なのだということを受け入れ、この子を愛するようになりました。私の従姉もたったひとりで生き残りました。私たちは勇気を出して、ジェノサイドのときのお互いの経験について話し合いました。けれども次女にはすべてを明かしてはいません。この子は、自分が姉に似ていると思っているのです。

イザベルと息子ジャン＝ポール

私はときどき、家族をもつ人たちと自分を比べます。
そしてジェノサイドで死ななかったことを後悔します。

ジャン＝ポール

すべては４月６日に始まりました。その日の晩、大統領が死んだと聞いて、母は私たちに走って逃げなさいと言いました。私は走りましたが、自分がどこへ向かっているのかわかりませんでした。大統領が死んだということ以外、何が起こっているのかすらわからなかったのです。翌日、フツの民兵たちが近所の人たちを殺し始めたと聞きましたが、死体は見かけませんでした。３日目、私の３人の兄弟が殺されたとき、初めてそれが本当のことだとわかりました。民兵は集団になって私たちの家を襲い、私を連れ去りました。夜、私はある場所へ連れて行かれて、次々と暴行を受けました。いったい何人だったかわかりません。どんな経験だったか説明することもできません。ただ後になって、そのせいで妊娠したことに気づきました。私はそれまでセックスをしたことがありませんでした。それが初めてでした。

最初に考えたのは、中絶しなくてはならないということです。しかしどこでそういう手術が受けられるのかわかりませんでした。出産後は辛くて、誰が父親なのかもわからなかったので、赤ん坊を殺そうとも思いました。とても苦しかったのですが、結局は殺さないことに決めました。息子を見るたびに、私はトラウマを感じます。誰が父親かもわからないし、家族もいないこの子と一緒にどうやって暮らしていけるのかもわからないからです。私はさんざん鞭で打たれたせいで肉体的な障害があり、何も運ぶことができません。働くこともできず、座っていることしかできません。いまになってやっと、この子を殺さなかったのはよいことだったと言えます。なぜなら息子は私に水を運んで来てくれるからです。

いま私は、この子が自分の息子だということを受け入れ、母親としてこの子を育てるためにできることは何でもしようと思っています。しかしあまりにも貧しすぎて、母親としての義務を果たせずにいます。せっけんを買ってやることもできないので、息子は自分の服を洗うことができません。ときには食べものさえ十分でありません。しかしそれは私が貧乏だからであって、この子が性的暴力犯の息子だからなのではありません。私は家族というものに興味はありません。愛というものにも興味はありません。私の身に訪れるのは不意打ちであり、あらかじめ計画されたものではないのです。私には自分の将来が見えません。私はときどき、家族をもつ人たちと自分を比べます。そしてジェノサイドで死ななかったことを後悔します。ジェノサイドはなぜ私の命を奪わなかったのだろうかと。

シルビナと娘マリアンヌ

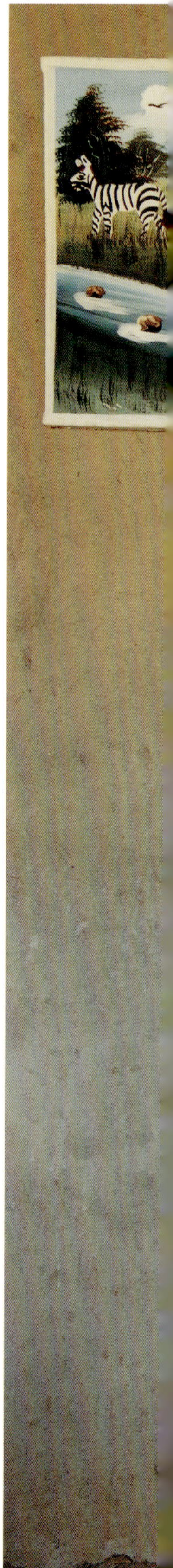

THE PRINCE OF PEACE.

家族全員が死んで、
なぜ
自分だけが
生き残ったのか、
何か理由があるはず。

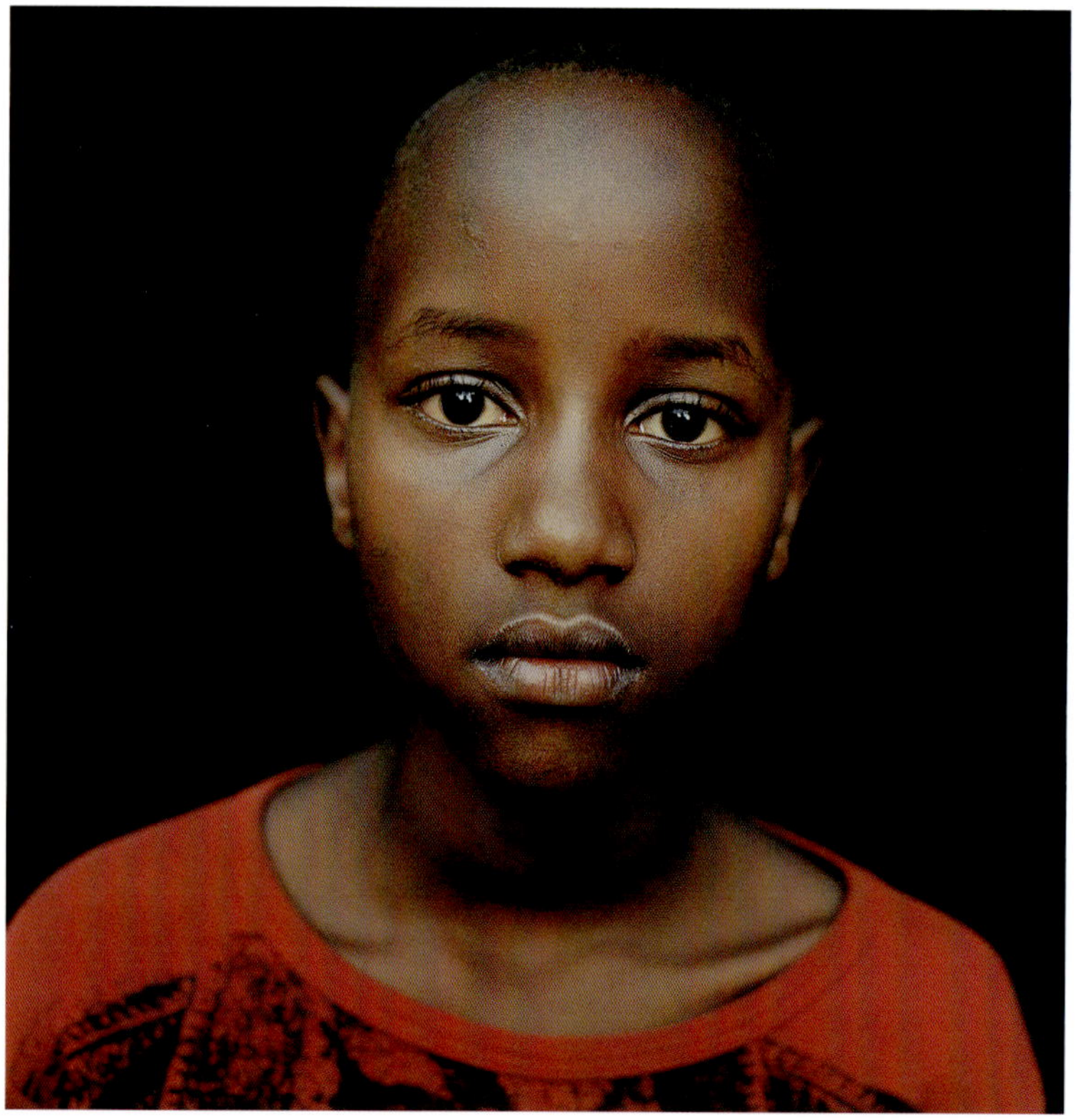

マリアンヌ 1

この孤児たちと娘は、私の希望です。

いったい何人の男が私を暴行しに来たか、本当に言えないのです。大勢でした。私にわかるのはただ、その4ヶ月後に自分が妊娠していたということです。とても辛くて、2度自殺を試みました。なぜ自分が父親のわからない子供を育てなければならないのかと自問し続けました。しかし心の奥深くで、私は自分にこう言い聞かせてもいました。「家族全員が死んで、なぜ私だけが生き残ったのか、何か理由があるはず」。こうして私は自殺を試みるのをやめ、勇気をふり絞りました。ありがたいことに、生まれてみると娘は私そっくりでした。それが私の幸せの源になりました。

ジェノサイドは、とても言葉では言えないほど私たちを苦しめ、私の家族にも大きく影響しました。両親は鞭で打たれ、母は鉈《なた》で切りつけられ、私はHIVに感染しました。それが、ジェノサイドがもたらした結果なのです。フツの民兵たちは私を残忍な方法で暴行しました。6人か7人の男たち全員が、私を暴行しました。そのときのことは思い出したくもありません。殺してくれと頼みましたが、断られました。それどころか、民兵たちと一緒に封鎖地点を移動しなければなりませんでした。彼らが人を殺している間、私たちはその場に座らされました。そして人殺しが済むと、私たちを暴行しました。私たちが飲まず食わずであることを知りながらも、それを止めようとはしませんでした。彼らは匂いました。いつも汚い上着を着て、私の上に覆いかぶさりました。ある日はある男が匂い、翌日は別のやつが別の匂いを発していました。ひどい状態でした。

私はいま、たくさんの子供たちを世話しています。私の兄妹は全員殺されましたが、6人の甥や姪たちはジェノサイドを生き延びました。彼らにとって、私がすべてなのです。つまり私は母親であり、父親であり、祖母でもあります。私がHIVに感染しているという話を子供たちは聞きたがりませんが、それは彼らにとって逃れられない現実です。事実、私はそうなのですから。

マリアンヌが私の実の娘だということを、私は誰にも話したことがありません。しかし、それでも私がこの子の母親だということはみな知っていますし、それで私は幸せなのです。この孤児たちと娘は、私の希望です。顔のない母親と呼ばれるよりいい。私は顔をもった取り換えのきかない母親です。そのことが私を前に進ませるのです。

マリアンヌは、私の命です。この子が生きていて、自分が面倒を見るということがわかってからは、私は過去を後悔したことがありません。なぜなら、私がこの地球上にいる限り、私にはこの子がいるからです。私を唯一苦しめるのは、私が死んだらどうなるかということです。娘はどうなるのでしょうか?

なぜ私が生き延びるように選ばれたのでしょう。私が面倒を見ているこれらの子供たちはみな、親族をすべて亡くしました。そして私はHIVに感染しており、自分の明日のことすらわからないのです。

ウィニーと娘アサンス

あの苦しみを味わうくらいなら、
どこか水の中に消えてしまいたかったのです。

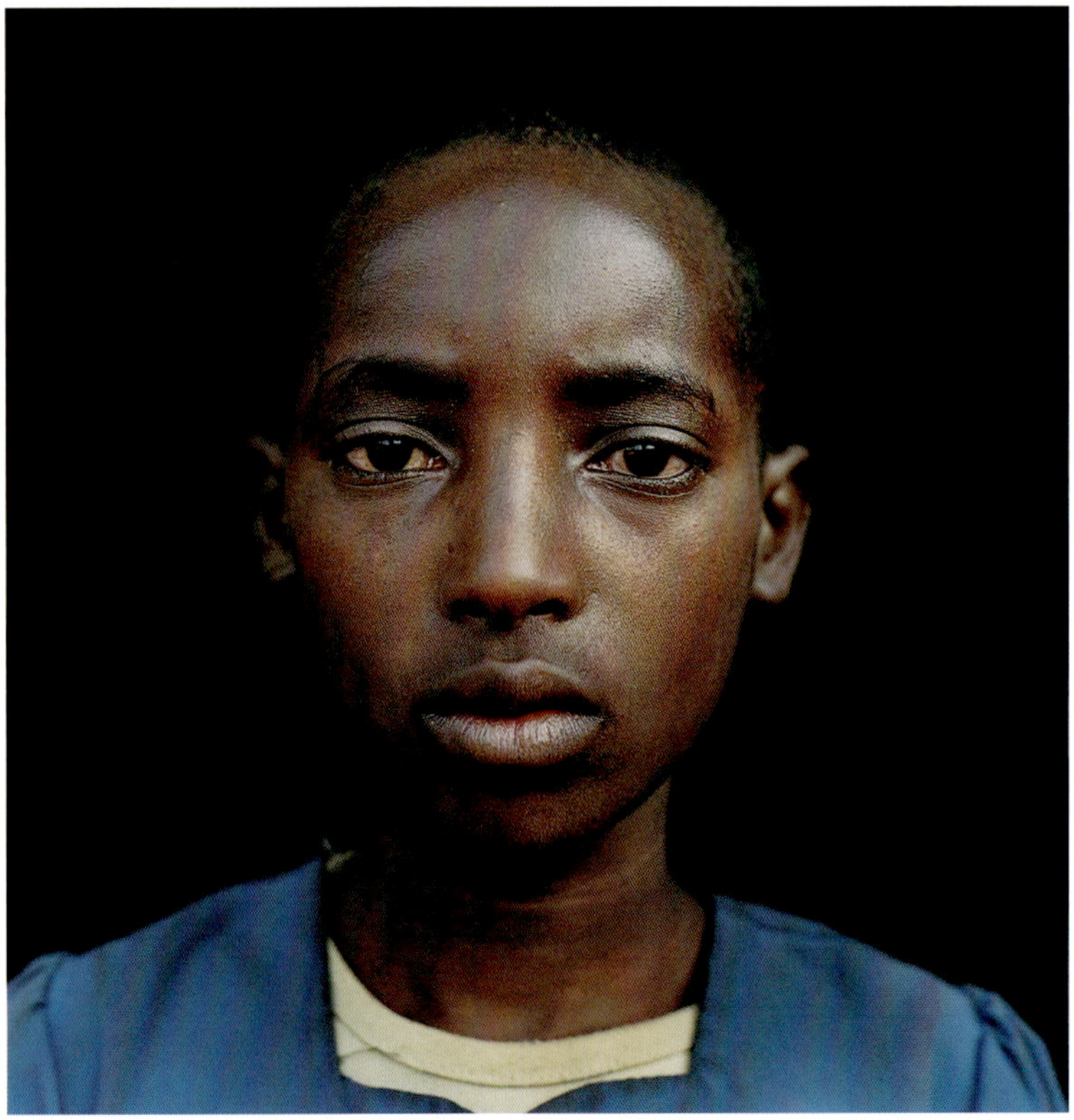

アサンス 1

私はいまようやく、フツの人たちと一緒に生きて行くことを受けとめられるようになりました。あれは、彼らのせいではなく、悪い指導者のせいだったのでしょう。しかし、すべてが起こったあの村へ戻ることなど、私にはとても想像できません。私は決してあそこへは戻りません。あの場所のことを思い出すたび、私はフツを憎みます。

1994年4月7日、私の婚約者が殺されました。彼を殺した男は、私を守りに来たのだと言いました。その男は私を自宅へ連れて行き、そこに閉じ込めました。私はその男が私を守ろうとしているのだと思いましたが、3日目、男は私を暴行し始めました。毎日、男は自分が殺しに出かけている間は家に鍵をかけて私を閉じ込め、食料を持ち帰って私に料理させました。そしてときどき、他の民兵に自宅の鍵を渡しました。ドアが開いて、その男が帰ってきたかと思うと、そこには別の民兵がいました。その民兵も私を暴行し、それが終わると私をふたたび閉じ込めて立ち去りました。その鍵はさらに別の民兵へと渡されました。

こうやって日々繰り返されることに疲れ果て、ある日、私は自分の命を危険にさらしました。寝室の小さな窓を壊して、家から飛び出たのです。キブ湖の近くのジャングルに逃げて、そこで自殺しようと思いました。あの苦しみを味わうくらいなら、どこか水の中に消えてしまいたかったのです。しかし、民兵たちに見つかってしまいました。私が殺されそうになると、私を閉じ込めていた男がそれを遮って、自分から逃げた女なのだから取り戻して私を自分の「妻」にすると言いました。確かに彼はそうしましたが、それ以来、非常に冷淡になりました。彼は大勢の男たちを連れて来て、私が脚を閉じることができなくなるまで次々と暴行させました。そしてある晩、最後の男が現れました。酔っていて、アヘンでハイになっていました。私を無理やり犯そうとしたので抵抗すると、力ずくで私の身体を押さえつけ、4本の爪を立てました。そうやってひどく乱暴に暴行されたせいで、私は神経を1本押しつぶされてしまいました。私はいまもなおこの傷を抱えて生きてゆかねばなりません。

妊娠していることに気づいたとき、私は非常に落ち込みました。そのとき私はコンゴの難民キャンプにいたのですが、知らない場所にいる知らない男の子供などほしくありませんでした。そこでルワンダの自分の村に戻り、誰か親族が生きていないか探しに行きました――出産を手伝ってくれたり子供の育て方をアドバイスしてくれたりする誰かを。しかし着いてみると、父親は焼き殺され、2人の姉妹と叔父をのぞいて家族全員が殺されていたことを知りました。出産は、健康上の理由から大変でした。幾度もひどい暴行を受けたために、私の神経や血管の一部は傷ついてしまっていました。それでも、私は健康な女の子を産みました。

その後、私は叔父の賛成を得て結婚しました。夫は農夫で、シャツも、ズボンも持っていませんでした。私も何も持っていませんでしたが、私たちは一緒に人生をスタートしようと決めたのです。夫は私を受け入れ、自分の娘として私の娘に自分の姓を与えました。もちろん近所の人たちからこの子は民兵の子だと言われるので、夫はときどき落ち込んで家に帰ってきますが、私たちは娘に話していません。娘に尋ねられると私は、この人があなたのお父さんなのよ、と言います。この子が苦しみの結果であるからこそ、私は娘をとても愛しているのです。

オリビアと息子マルコ

子供をひとり選んで走れば、生き延びられるだろうと思いました。
でも三人の子を見たら、愛しくて選ぶことなどできませんでした。
かといって、三人は連れていけないということもわかっていました。

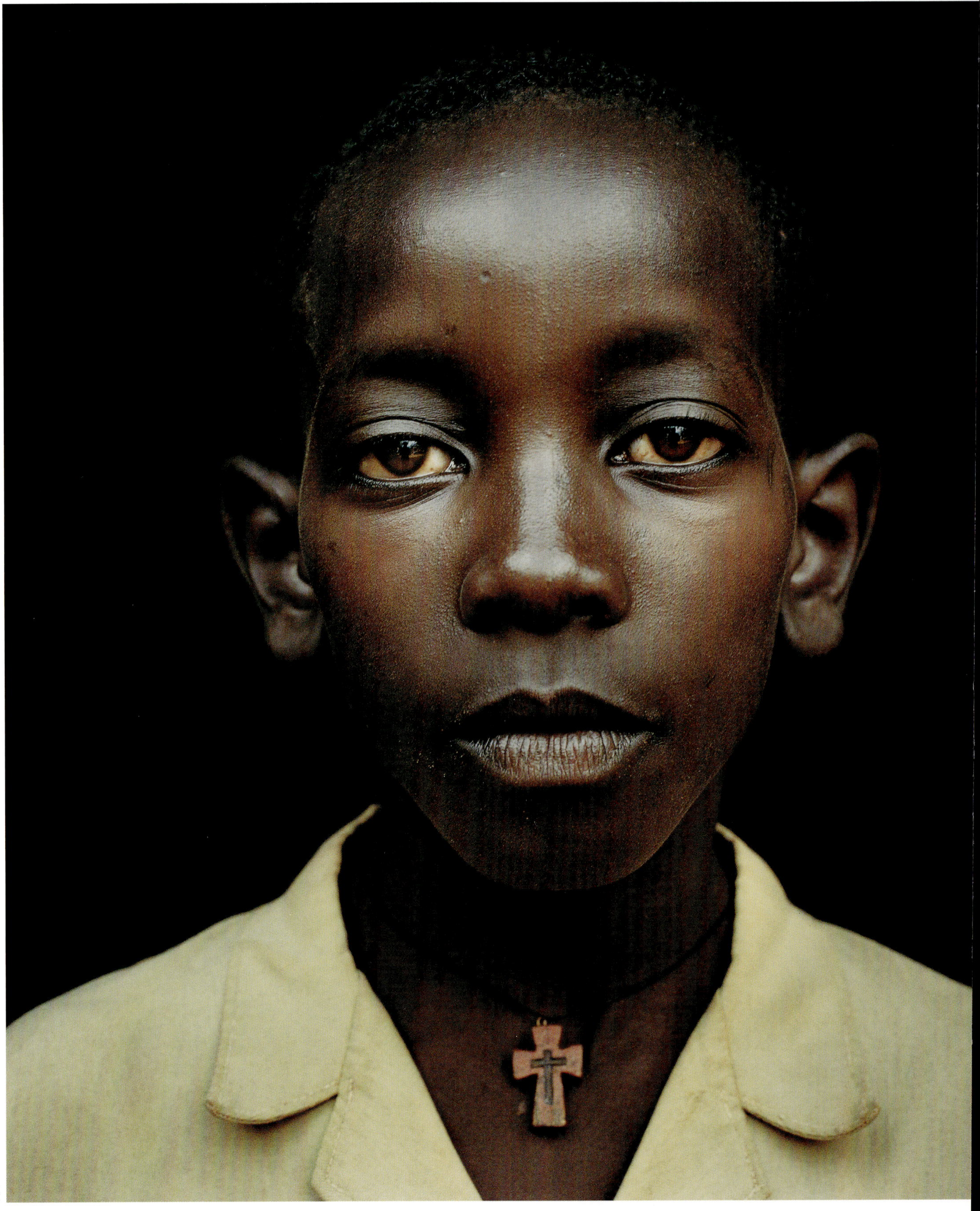

マルコ

そのとき、およそ1万人の人たちが、教会の敷地に逃げ込んでいました。1週間後、民兵たちが襲い始めました。恐ろしい経験でした。彼らは鉈《なた》、斧、手榴弾や銃を持って入って来ました。そして群衆の中に割って入り始めました。彼らは誰かを殺すと、その死体を脇に置きました。誰かが倒れると、死体の山の上に積み重ねました。それを完全に説明することなどできないでしょう。あたりは叫び声や悲鳴に包まれ、殺人は止みませんでした。男たちはおよそ８時間にわたって人々を殺した後、疲れたから元気を取り戻すものが欲しいと言い出しました。そこで、まだ生きている少女たちを選んで暴行したのです。

死体がその場から運び出されることはなく、私たちは教会の中で、腐り始めた死体のそばで眠らねばなりませんでした。３日目、彼らは人殺しをせずに、ただ一日中、教会のあちこちで女性たちを暴行しました。私はその日、犠牲になりました。私は、自分の子供たち全員が見ているところで暴行されました。最初の５人までは覚えています。その後、私はわけがわからなくなりました。私が意識を失った後もなお、彼らは私を暴行し続けました。正直に言えば、あのとき、あの教会にいた女性は、全員暴行されました。

子供をひとり選んで走れば、生き延びられるだろうと思いました。でも３人の子を見たら、愛しくて選ぶことなどできませんでした。かといって、３人は連れていけないということもわかっていました。結局、私の心が、長男を連れて行けと命じたので、その子を抱えて教会のドアへ向かって走りました。他にもたくさんの人たちが走っていたので、私は転んでしまいました。息子をかばおうと、その子に覆いかぶさりました。人々は私の上に次々と倒れ、４段ほどに重なりました。民兵たちはその一番上から人々を切り刻んでゆきました。１段目、２段目、そして３段目となりました。自分は次だ、とわかりました。

民兵たちが人々を殺していくにつれて、血が滴り落ちてきました。正直に告白しますが、私の口に血が落ちてきたとき、とても喉が渇いていたので、私はそれを飲みました。塩と血の混じったような味でした。そしてついに私の段に到達すると、民兵たちは言いました。「こいつはすでに死んでいると思う」。私はそのようなふりをしました。民兵は私の時計を外し、シャツを脱がせました。私はそのままじっとして、午前３時に起き上がりました。自分がどこにいるかわかりませんでしたが、その教会と死体のことは覚えていました。そしてゆっくりと、死んだり傷を負ったりした人々の上を、方向がわからなくなるまで歩きました。息子はまだ生きていましたが、他の２人の子供たちは、私が彼らを置き去りにした後に殺されたと、後で知らされました。

ジェノサイドを生き延びたすべての人々は、それぞれに問題を抱えています。しかし、私と同様の経験をした生存者たちは、より大きな問題を抱えています。私はまもなく死ぬでしょうが、私が死んだらこの子供たちを誰が世話するのでしょうか、誰が守ってくれるのでしょうか？

ジョセフィンと娘シルビー

私がこの世で苦しい時期にそうであったように、
辛抱強くありなさい。

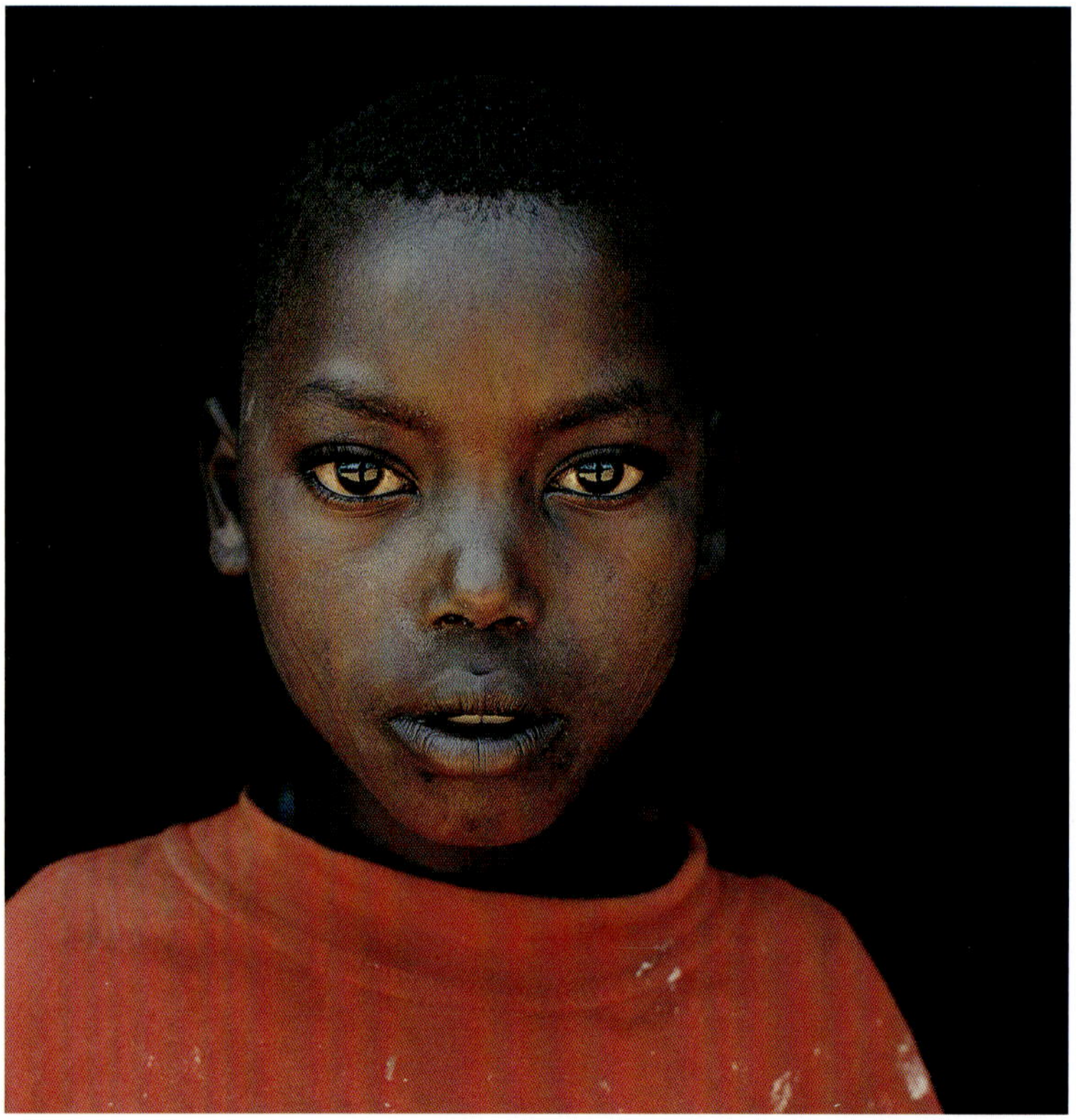

シルビー

私は16歳のとき、ツチの男性と結婚しました。私たちには6人の子供がいました。ジェノサイドが始まると、夫は私に子供たちを連れて故郷に帰るようにと言いました。私はフツだったので、そこに行けば標的にはならないだろうと思われたからでした。

その途中、私たちはとても厳しい検問所に差しかかりました。そこにいたフツの民兵の中に知り合いがいて、こう言われました。「こいつは俺たちと一緒（フツ）だが、その子らは違う」。すると民兵たちは、私と子供たちを一緒に殺すか、あるいは自分が助かりたければ子供を殺すかのどちらかだと言いました。私は一緒に殺してほしかったのですが、彼らは私の目の前で、2人の息子を殺しました。そして、ただツチの少年を見たくなかっただけだから、娘を連れてあっちへ行けと言いました。すると別の民兵が近づいてきて「女の子も殺そうじゃないか」と言い、娘に向かって鉈《なた》を投げつけました。鉈《なた》は娘の脚に当たりましたが、そのとき運よく、さらに別の民兵が「俺にこの子を殺させてくれ」と言い出しました。その男は娘をそこから連れ出しましたが、娘を殺しはしませんでした。

故郷に帰ると、近所の人たちは娘を見て怒り出し、この子を殺そうと計画しました。そして鉈《なた》を使う代わりに、娘の鼻に豆を詰めました——鼻の穴にそれぞれ豆を4粒入れ、豆が腐ってその鼻が広がり、よりフツらしく見えるようにしたのです。

民兵たちは、私がこのあたりにいることを聞きつけて、ツチと結婚した女に会いたいと言ってやって来ました。私は暴行され、彼らが望むときにはいつでもここでセックスの相手にならなければならないと言われました。私はもはや誰の妻でもなく、ただツチと結婚したことの罰としてセックスの道具になるのだと。そうやって暴行された結果、私は妊娠し、この娘を産みました。

ガチャチャ裁判（訳注：2002年にルワンダ政府が設置した、市民が主体となってジェノサイドの容疑者を裁くための裁判制度）で私がこの人たちのことを証言すると、家族は私を受け入れようとしませんでした。おとなしくしているように言われましたが、私は静かになどしていられませんでした。民兵たちは私が見ているところで、他のみなが見ているところで、真っ昼間に人々を殺したのですから。私は彼ら（フツ）の一員ですが、フツは獣だと口にすることに、ためらいはありません。

近所の人たちは、私に対して友好的ではありません。彼らは毎日、私の家を襲います。彼らが言うには、私は愚か者で、ツチに魔法をかけられているというのです。いったいどうして私がツチであるかのようにフツの行為を告発できるのか、ツチと寝て子供を産んだ上にどうしてそんなことができるのかと責められます。それでも、私はツチの男性と結婚したことを悔やんではいません。どのように私の子供たちが殺されたか、どのように私の夫が殺されたかを思い出すたび、私は苦悩とトラウマに襲われます。しかしそれこそが、私が毎日ガチャチャ裁判に立つ勇気を与えてくれているのだと思っています。

神は辛抱強さという贈りものを、私にお授けになったのだと思います。私は、ある民族の人間と結婚したというだけで、まるで動物のように虐殺者のもとへ連れて行かれました。世界は、そのような私の経験に思いを巡らし、すべての人々を尊重することを学ぶべきです。神は、私たちひとりひとりを異なるように創られましたが、私たちは共に生き、互いを敬うことを学ばなければなりません。私が死ぬときには、子供たちに次の言葉を残したいと思います。友好的でありなさい。互いを愛しなさい。私がこの世で苦しい時期にそうであったように、辛抱強くありなさい。

ブリジットと
その子供たち
エマニュエル、アンブロワーズ、ロゼット

エマニュエル

ツチとして生まれたというだけのことで、私は苦しんでいるのです。

ジェノサイドが始まったとき、私は婚約していました。私の婚約者は、最初の3日間で殺された大勢のうちのひとりでした。私は、鉈《なた》で殺された彼の死体を見ました。その後、私は愛していないたくさんの男たちに暴行されました。その結果が、この子供たちです。私はもう二度と恋に落ちません。決してセックスを楽しみません。自分が母親であることや、子供をもつことに喜びを覚えることも決してありません。私はただ、それを引き受けたのです。

民兵のリーダーは、タピオカの農園の中で私に見張りをつけ、セックスしたいときだけ私を家へ入れました。セックスが終わると、夜、私を家から放り出しました。私はタピオカを食べ、喉が渇くとバナナの木のところへ行き、茎を絞って汁を飲みました。とても苦しくて、生きることに絶望して、死にたいと思いました。そこで私は決心して危険を犯しました。地域の指導者のところへ走って行き、自分はまだ生きていると告げたのです。そうすれば、彼らはきっと母を殺したように私を殺し、母を埋めた場所に私を埋めるだろうと思ったからです。しかし、その男は私を自宅へ連れて行き、15日間にわたって私を暴行し続けました。

もし1994年よりも前に私に会っていたなら、いまの私と同じ人間だとは信じられなかったでしょう。私は美しい娘でした。私は愛され、家で幸せに暮らしていました。いまや、そのすべてが失われてしまいました。すべてが悪夢です。自分がもうこれっぽっちも人生に興味を抱いていないのを感じます。

いまでも、世界はこのことについて何も知りません。あなたにこうやって話していても、私が望むようにあなたが理解してくれているとは思えません。しかし少なくとも、ルワンダの少女や女性たちが筆舌に尽くしがたい苦しみを経験したということを、あなたが人々に伝えようとしてくれていることは嬉しく思います。ジェノサイドが起きる前、私たちはとてもよい生活を送っていました。いま、私が人生で興味をもてるものは何もありません。ツチとして生まれたというだけのことで、私は苦しんでいるのです。そして自分が犯したわけではない罪の代償を払わされているのです。

私の知る限り、暴行された女性の大半はHIV／エイズにかかっています。誰かを愛して楽しんだからではなく、突然見知らぬ誰かに強引に犯され、HIVをうつされたからです。そして明日がどうなるかもわからず、自分がいつ死ぬかと恐れています。そんな状態を、どうか想像してください。

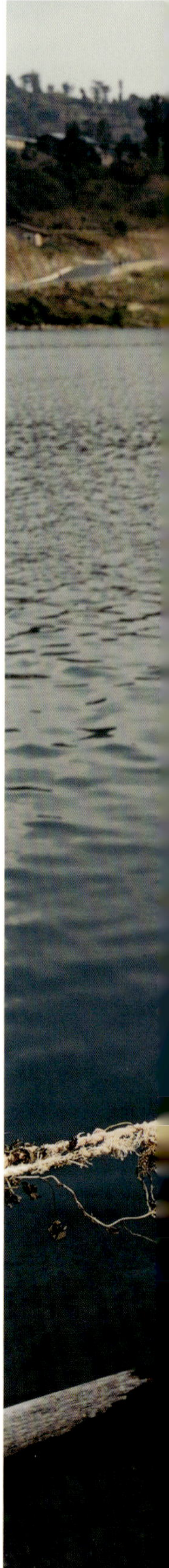

アネットと息子ピーター

ジャングルに身を隠していたとき、
私は藪の中で、小さなクマのそばで暮らしました。
そのクマは決して私を傷つけませんでした。
しかしジャングルから出ると、民兵たちに鉈《なた》で切りつけられました。

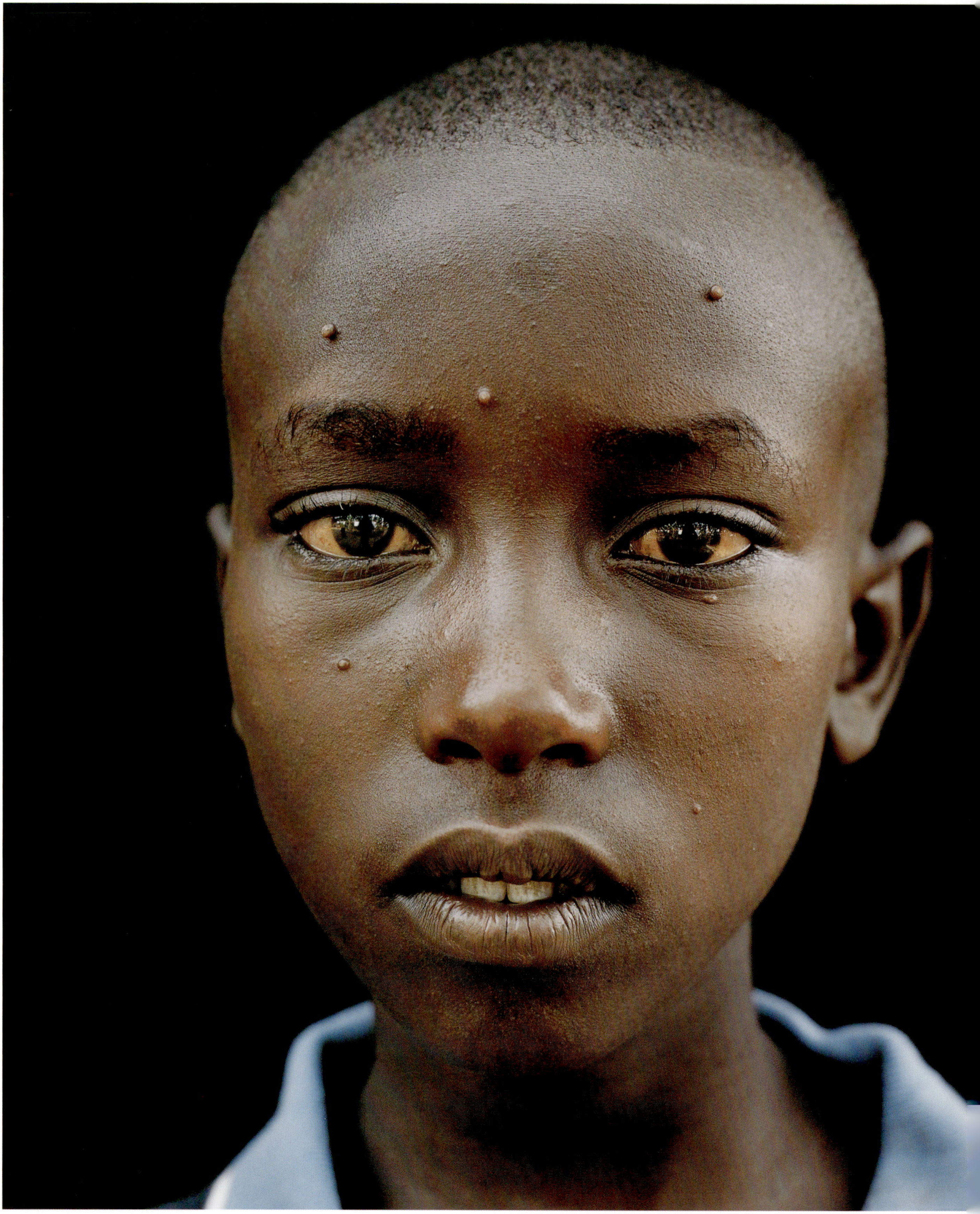

ピーター

ジェノサイドの影響は、
私たちにとって
非常に
生々しいものなのです。

私の家族を殺した人たちを、私は必ずしも敵とは見なしていません。むしろ、許されるべき人々だと思っています。なぜなら彼らは、自分が何をしているのかわかっていなかったのですから。それは理解を超えているのです。動物でさえ、あの民兵たちのように振る舞うことはできないでしょう。ジャングルに身を隠していたとき、私は藪の中で、小さなクマのそばで暮らしました。そのクマは決して私を傷つけませんでした。しかしジャングルから出ると、民兵たちに鉈《なた》で切りつけられました。いまや、獣とフツのどちらにより思いやりがあるのでしょう?

ジェノサイドが始まると、私たちは大家族だったので叔父の家に隠れました。フツの民兵たちがやって来て、私たちを守ってやろうと言いました。しかしそうやって私たちをそこにとどまらせて、後からもっと大勢でやって来たのです。私が見ている前で、父は棍棒で殴られて殺されました。母は背中に赤ん坊をおぶっていましたが、石で殴られ、赤ん坊と共にキブ湖へ投げ捨てられました。兄は走って逃げようとしましたが、両脚を切り落とされ、殺されました。もうひとりの兄も鋭い金属で殴られ、頭を突き刺されました。それが引き抜かれると、兄は倒れました。別の民兵が兄の頭を切り落として死に至らしめるまで、兄は私の手を握っていました。姉はそこでひどい性的暴力を受けました。彼らは姉を暴行した後、その性器に木片や金属片を詰め、その首を突き刺しました。私たちは、斧で体中を切りつけられました。

私はジャングルへ逃げましたが、ほとんど動くことができず、しかも裸でした。傷口から蛆虫がわき出てきました。私はひどく衰弱していましたが、なんとかして周囲の死体から服をはぎとり、ゆっくりと病院へ歩いて行きました。そしてそこにいる民兵たちに殺してくれと頼みました。私はとても臭かったので、彼らは嫌がって私を追い払いました。彼らは集団墓地を掘り、私たちをそこへ投げ捨てました。私は死んだものと思われていたのですが、夜になって私は意識を取り戻し、死体の中から這い出ました。

私は家に走って戻り、そこに隠れました。それに気づいた近所の人が、夜、私を暴行しました。その男に３日間にわたって暴行を受け続けて、私はもう耐えられませんでした。そこで、かつて父が牛を一頭与えた地域の指導者のところへ話に行きました。するとその人は、息子を呼んで私の面倒を見るように言いました。私はその息子の家へ連れられて、暴行されました。何度も暴行されました。本当に、なぜフツの人たちがこういうことをしたのか、私には理解できません。私を鉈《なた》で切りつけた人のひとりは、私たちの家によく泊っていた男の子でした。何年もの間、私たちは同じ食事をとっていました。父を最終的に殺したのも、父が牛を与えたことのある人でした。いったいどうやって彼らが一晩のうちに変われたのか、私には理解できません。

ジェノサイドのとき、私はまだ処女でした。妊娠がどういう体験かも知りませんでした。ですから妊娠していると気づいたときは落ち込みました。わたしはもう十分苦しんでいたからです。それでも初めて自分の息子を見たとき、もうひとりの兄弟を与えられたと感じました。私が経験したすべてにおいて、息子は賜物でした。この子は、私の慰めなのです。

ジェノサイドの影響は、私たちにとって非常に生々しいものなのです。この暴力の結果、子供たちが生まれました。すべての人にはこの子供たちについて責任があります。この子たちが学校に行けるようになることが私の願いです。なぜなら学校へ行けば、よりよい生活を手に入れられます。よりよい生活を手に入れられれば、悪いことにかかわることはないからです。

ベアタと娘ベルティード

絶望すれば、早く死にます。

でも勇気を求めれば進んで行ける、それが私の選択です。

ベルティード

ジェノサイドが始まったとき、私は夫と一緒にいました。民兵たちはまず始めに男性を殺していたので、夫は他の男性たちと共にキブ湖を小舟で渡り、コンゴへ逃げようと決めました。夫は私に自分の上着を残して行きましたが、この上着が夫のものだということはみなが知っていました。夫を探しにやって来た民兵たちも、私がこの上着を着ているのに気づきました。私は裏切り者の妻だと言われ、母と姉と一緒に暴行されました。

私は大勢の人たちと一緒に、一軒の家に隠れていました。すると民兵たちは屋根をひきはがしました。人々は生き延びようと、走って逃げました。私も走りましたが、誰かに殴られ、背中から赤ん坊が落ちてしまいました。私はそれに気づかず夢中で走り続けました。気づいたときには、遠くまで来ていました。引き返しましたが、赤ん坊は見つかりませんでした。後になって、その子の死体を見ました。

コンゴで再会した夫は、私に妊娠しているのかと尋ねました。私は否定しましたが、4ヶ月が経つと、それはもう明らかでした。彼は、自分以外の人間が父親であることに気づきました。私は何が起きたかを話すつもりはありませんでした。彼は、私が裏切ったのだと思いました。キブエに戻ってから私は子供を産みましたが、夫はその子のことをまったく気にかけませんでした。娘が死んでくれたら嬉しいとすら言いました。食べものもミルクもなく、栄養失調だったにもかかわらず、娘は生き延びました。後になって、この子が私を暴行した民兵の子であることを知ると、夫は娘の世話は決してできないと言いました。そして私たちがよい関係であり続けるために、この子を殺そうと言い出しました。私にはとても受け入れられませんでした。あるとき、彼は地面に赤ん坊が横たわっているのを見つけて、その上に自転車で乗りました。幸い、この子は生き延びました。またあるときには、夜酔っ払って帰って来た夫が、赤ん坊を壁に叩きつけました。娘の鼻から血がにじみ出ました。そのとき、私は娘の命を救うためにあと一歩で家出するところでした。

娘には、何が起きたか話していません。この子は、夫が自分の父親だと思っています。そしてこんなふうに聞くのです。「なぜお父さんは私の面倒を見てくれないの？　学費も払ってくれないし、服も買ってくれない。なぜ?」そういうとき、私はこう答えます。「私はあなたのお母さんであり、お父さんでもあるの」。もし私が娘を愛さなければ、誰が娘を愛するでしょう？　私が娘を愛しているのは、私にはそれ以外の選択がないからです。だから、私は娘を「神の子」と呼んでいます。私は娘を神にただ委ね、祈りから強さを得ます。そうする以外に、私はどうやって生き延びられたでしょうか？　エイズのために抗レトロウィルス薬を飲み始めて、私はより多くの勇気と、生きる意志を得ました。絶望すれば、早く死にます。でも勇気を求めれば進んで行ける、それが私の選択です。正直に言えば、将来のことは考えていません。しかしどんな一日も、当たり前とは思いません。そのことを、神に感謝しています。

ジェノサイドの後、本当に心を開いて自分の話をしたのは、これが初めてのことです。黙っていると、私はどんどん壊れてしまいます。このことについてもっと話せば、もっと心が落ち着くことに気づきました。苦しみは、死ではありません。苦しむことはあっても、進むこともできますから。

マリーと娘マリー、その従姉ジャクリーン

あの丘に一歩足を踏み入れると、
どんな木も、どんな石も、どんな家を見ても、
一九九四年のことを思い出してしまいます。
だからあそこには行きたくありません。

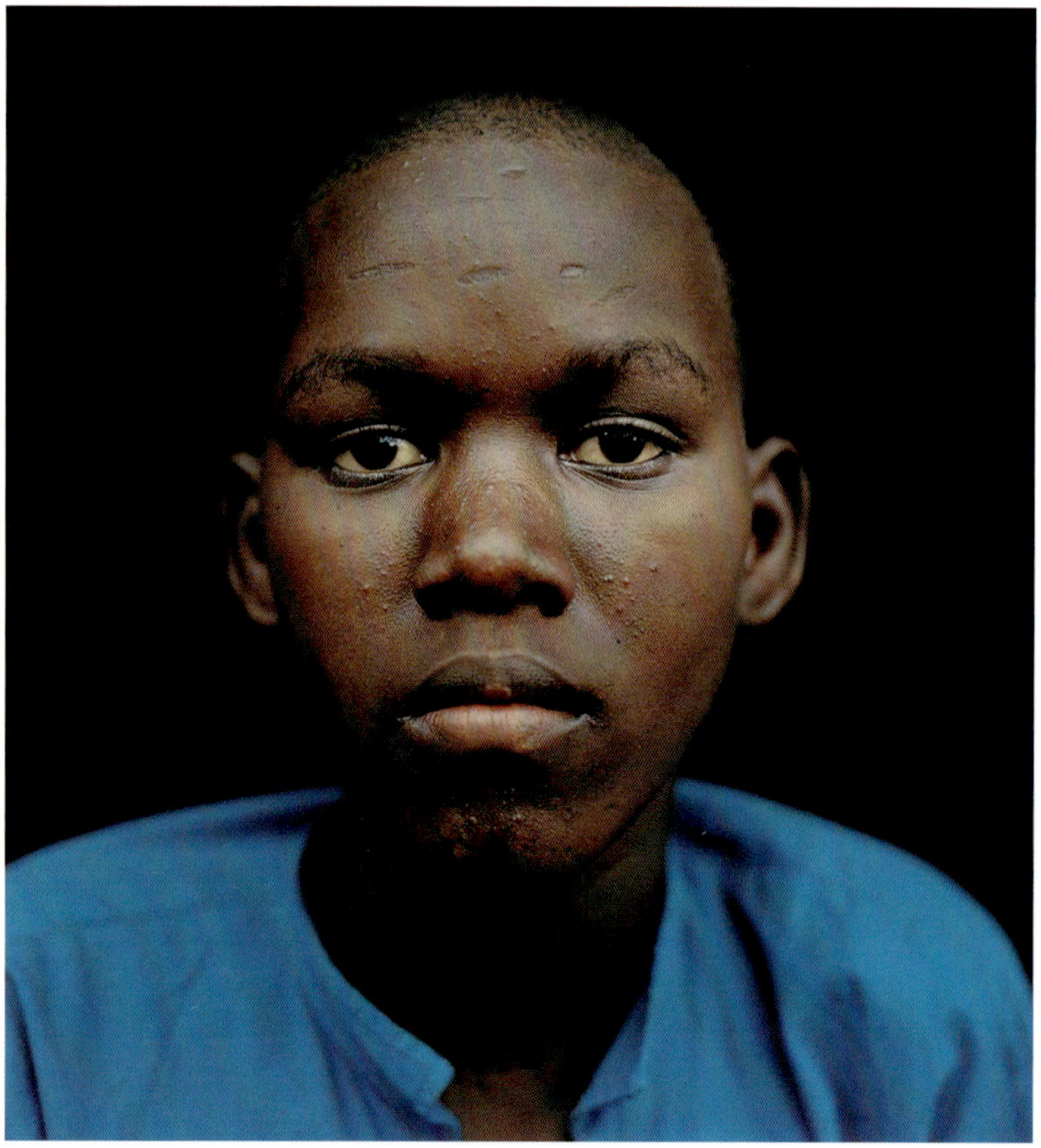

マリー 1

銃声が聞こえたので、私は寝室へ走り、ベッドの下に隠れました。叔母と叔父は殺されましたが、彼らの赤ん坊のジャクリーンは殺されませんでした。ベッドの下から出たとき、それは私の人生で最もショッキングな瞬間でした。叔母は暴行され、その性器からは血が流れていました。殺された叔母の胸には赤ん坊が抱かされていました。居間は血の海で、ジャクリーンはただひとり死体に囲まれて、死んだ母親の胸を吸っていました。

その後フツの一団に襲われたとき、私は金切り声をあげ、叫び、騒ぎました。すると胸を強く殴られて、それ以上騒げなくなりました。彼らは誰が私を家に連れて帰るかを話し合い、そのひとりが私を暴行しました。暴行された後、私はもう声も出ませんでした。およそ1時間にわたって何度も何度も暴行され、気を失ったまま置き去りにされました。

私は封鎖地点で、1週間拘束されました。その間、男たちが人々を殺し、女性を暴行し、彼らを穴に放り込むのを目にしました。それだけひどいことをやっていながら、彼らは自分たちの行為がどんな結果をもたらすか恐れていませんでした。ただ私を苦しませるためにやっていたのかもしれません。男たちは10人以上いて、私を暴行しました。ひとりがやって来て、その男が去るとまた別の男がやって来て、そして去っていきました。いったい何人だったのか、数えられません。ある男に暴行された後、私は喉が渇いているので水をもらえないかと頼みました。男はうなずき、一杯のグラスを持って来ました。口にすると、それが血だと気づきました。その男は言いました。「おまえの兄弟の血を飲んで、行け」。それが最後でした。

1ヶ月半後、私は妊娠していると言われました。父はそれを知って憤慨しました。中絶しろと言われましたが、修道女の伯母は、中絶すべきではない、14歳の私がそうなったのには神のご意思があるはずだと言いました。

内戦が終わってから、私は父と再会しました。父は口うるさく、この子とその家族は邪悪だと私に言います。この子の家族は私の親戚を殺したのだから、私が娘を愛する理由などどこにもないと言うのです。私は娘を見ると、自分が受けた暴行のことを思い出してしまいます。最初の、2度目の、それに引き続いたすべての性的暴力を、私は娘につなげてしまうのです。

私は、娘を愛しているとは言えません。けれども、娘を憎んでいると言うこともできないのです。いま娘は伯母と一緒に暮らしているので、私はときどき恋しくなります。家にひとりきりでいるとき、私はベッドの上に座って、自分がどうやって子供を身ごもったかを思い出します。しかし、娘が私に何かをせがんでも、私はこの子に何もあげられないのです。そのせいで、娘は私に嫌われていると思い込んでいます。娘は私が何もあげられないということを理解できないのです。娘の住む場所へ行くたび――私が恐怖を経験したあの場所へ――、あの丘に一歩足を踏み入れると、どんな木も、どんな石も、どんな家を見ても、1994年のことを思い出してしまいます。だからあそこには行きたくありません。

イベットと息子アイザック

出産してみると、息子はとても美しかったので、
私は自分のなかに即座に愛が芽生えるのを感じました。
そして自分にこう言い聞かせたのです。
「この子を殺せない。愛そう」

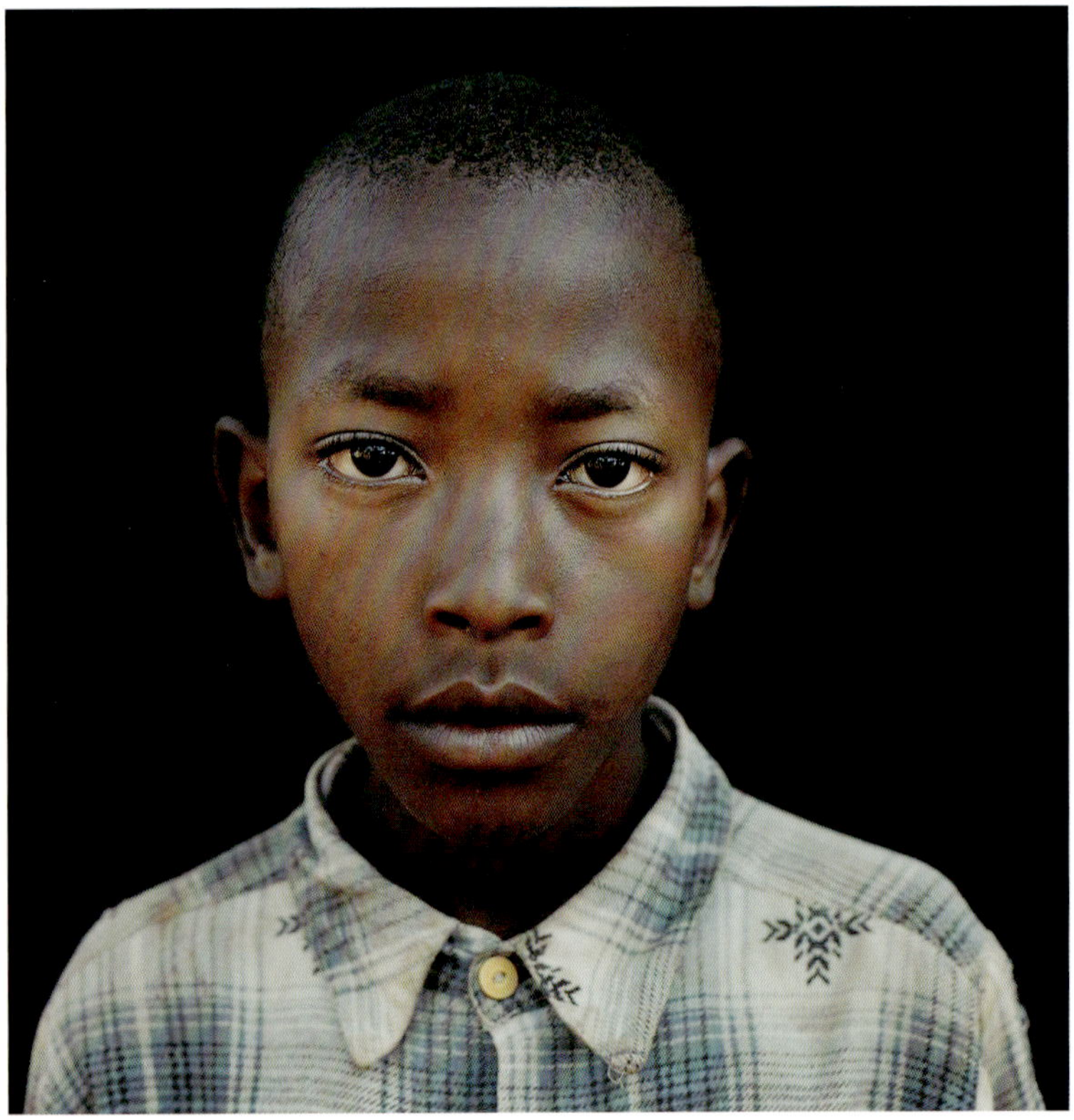

アイザック 1

私たちは結婚を、そして母になることを強制されました。それでも自分の子供を受け入れ、愛しました。私たちはこの世でありとあらゆる悲惨なことを経験してきました。ですからどうか、私たちが心安らかに死ねるように祈ってほしいのです。世界が目をそむけて私たちを救おうとしなかったときに生まれたこの子供たちは、私たちが死んだら置き去りにされてしまうということを、どうか世界に伝えてほしいのです。世界はこの子供たちの面倒を見るべきなのですから。

ジェノサイドが始まったのは、私が結婚する直前のことでした。私は一番下の弟をおぶり、森の方へ向かいました。私たち少女は６人ぐらいいましたが、民兵はそこらじゅうにたくさんいました。４日目、彼らに見つかってしまいました。民兵たちは私たちのうち何人が処女なのかと聞きました。私たちのほとんどはそうでした。すると、処女をこちらへ、そうでない少女をあちらへと並ばせました。私は弟を背中から降ろすように命じられました。男たちは弟を捕まえ、そのあばら骨を締めつけ、こいつには鉈《なた》も銃弾もいらないと言って、弟を森の中へ放り投げました。弟の泣き声が聞こえるなか、私たちは服を脱ぐように命じられました。そして暴行されました。まず私を暴行した民兵は、次に別の少女へと向かいました。そして、別の民兵が私のところへやって来ました。そうやって次々と６時間続けられた後、私たちはまるで死んだようになって、その場に置き去りにされました。

それから半年ほどが経って、私は自分が妊娠しているらしいことに気づきました。そのときから死にたいと思うようになりました。自殺さえ考えました。しかし実行するのが怖かったので、その代わりにこの子を産んで殺さなければと思ったのです。しかし出産してみると、息子はとても美しかったので、私は自分のなかに即座に愛が芽生えるのを感じました。そして自分にこう言い聞かせたのです。「この子を殺せない。愛そう」

私の家族は、私が死んだものと思っていました。再会したとき、私はまるで生き返った人間のように見られました。私たち家族は幸運でした。非常に幸運でした。弟も死んでいませんでした。孤児院に入れられていたのを、私が後になって見つけました。

この経験によって、私はあらゆることに対する覚悟ができました。私が死ぬのは、息子が良い人生を送っているのを見届けてからにしてほしいと祈っています。この子には勉強して成功してほしいと願っていますが、これは単なる願いにすぎません。というのも、私は息子にそういう機会を与えてやれないからです。私の手元には何もないので、勉強の手助けをしてやれません。政府がジェノサイドの生存者のために設立した基金は、息子には何の役にも立ちません。この子はジェノサイドを生き延びたわけではないからです。

もし神様が、この子が成長するのを見届ける時間を私にくださるのなら、私は息子に２つのことを伝えたいと思います。１つ目は、この世界でつねに注意深くあること。２つ目は、自分自身を守り、決してセックスに溺れないこと。さらに、人々を愛さなければならないということも。なぜなら、人々を愛すれば、問題は避けられるからです。人々を憎んだら、問題を起こすことになるからです。

キャサリンと息子ユージーン

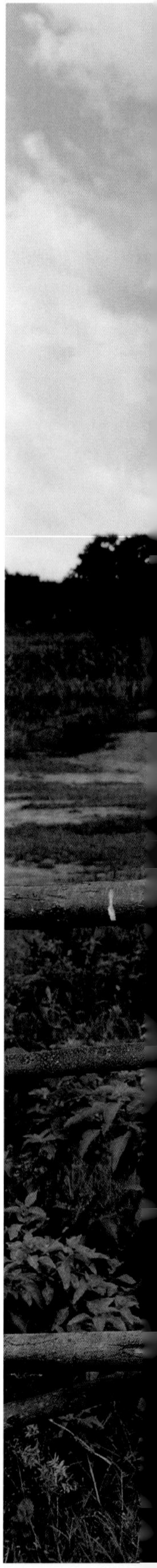

ROMA

ユージーン 1

ジェノサイドが起きる前ですら、私たちの一部はとても貧しくて、子供を育てることができませんでした。私たちは望まずに、しかも覚悟のないまま母親となりました。

私たちを無視した世界には、あの悪事を働いた者たちを法の下で裁くのを助けてほしいと思います。性的暴力の被害者の大半は、私のように、不幸にも妊娠しました。何の覚悟もできていなかったにもかかわらず。ジェノサイドが起きる前ですら、私たちの一部はとても貧しくて、子供を育てることができませんでした。私たちは望まずに、しかも覚悟のないまま母親となりました。それでも私はまだ恵まれているほうです。息子には私がついているからです。私がどれほどもがき苦しんだかは、神様がご存じです。しかし出産直後に、あるいはHIV/エイズで母親を亡くした子供たちはたくさんいます。こうした子供たちはストリートで暮らしています。誰も彼らの面倒を見ません。誰も彼らを愛しません。社会はこの子どもたちについて判断を保留したままなのです。

ジェノサイドが始まったとき、近所に住んでいたフツの民兵が、私たち家族の何人かがツチだという理由で殺されたと伝えに来ました。そして、土地を譲り渡す書類に叔母が署名するなら、私たちを自宅にかくまおうと申し出たのです。

守ってくれるという約束だったにもかかわらず、その民兵は夜になると他の男たちを家に入れ、母と叔母を殺しました。私は見逃されましたが、今度は若い民兵を連れて来て、私をやると言いました。その晩、私はその男に暴行されました。内戦が激しくなると、民兵たちは逃げ始めました。私は捕えられてガショラと呼ばれる場所へ行き、RPFが私たちを助けに来るまで、昼夜にわたって暴行され続けました。

出産から２年間、私には自分と子供を養うすべがありませんでした。そこで売春をしたのですが、ひどいことにまた妊娠して子供を産みました。今度は性的暴力の結果ではなく、子供を育てるために行なった売春の結果として。

それから４年後、私は自分がやっていることは正しくないと気づき、助けを求めました。政府がジェノサイドの生存者のために学費支援プログラムを開始したので、ふたたび学校に登録して小学校の教員免許をとりました。こうして私はいまここで教師として働いています。

私は息子を愛していますが、唯一の問題は、父親はどこにいるのかと聞かれるときです。彼が大きくなったら、きちんと話そうと思っています。

アリンと娘ジャッキー

娘は私を見ると、いつも声が消え、話せなくなってしまいます。

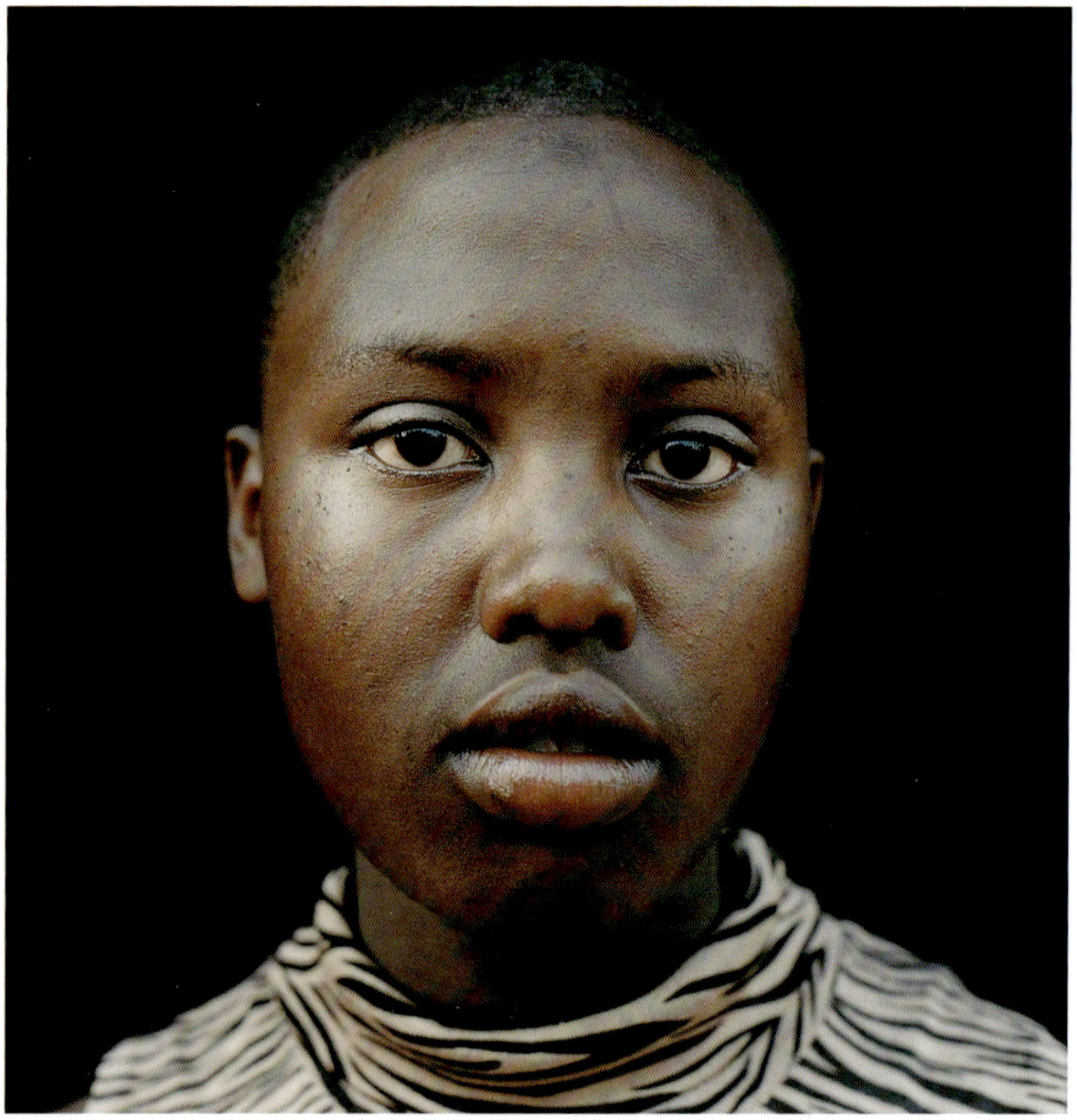

ジャッキー 1

私の両親と12人の兄弟は、カトリック教会の中で死にました。教会の中で生き延びた兄のひとりは、そこから逃げようとして殺されました。夫と私は、4人の子供を連れてお茶の農園へ逃げました。夫は家の様子を見に戻ったときに民兵に捕えられ、子供たちが通っていた小学校へと連れて行かれました。そこで小学校の校長に撃たれました——2発の銃弾で、彼は死にました。

食べものが何もなかったので、私は道路の方へ向かいました。するとすぐ民兵たちに見つかってしまいました。そしてサイモンという金持ちの男が、フツの民兵をしている農民たちに、みなで私をからかおうと言い出しました。彼らは真昼の太陽の下で道路脇に集まり、子供たちの目の前で、私が次々と暴行されるのをサイモンが眺めて楽しめるようにしました。3日目、私はもう人間ではありませんでした。木のようでした。誰かがこう言いました。「ツチの女であるおまえは、俺たちを楽しませない。セックスに興味がない。だから、おまえの性器を濡らす薬を見つけよう」。男たちは瓶ビールを持って来て割りました。そして、水と泥を混ぜて私の中に入れました。私は出血し始めました。「さぁ、おまえは濡れている」。男たちはそう言って、ふたたび私を暴行し始めました。4日後、私はもう死んだと思われました。しかし私はゆっくりと、子供たちと一緒に繁みの中へと歩き始めました。大勢の人たちが、キガリからコンゴ国境へ向かって歩いているのが見えました。そこで私たちも加わって歩き出しましたが、途中で子供たちとはぐれてしまいました。群衆の中にまぎれて、結局見つけられませんでした。

その後、ある男に捕えられて拷問されました。民兵たちが私を殺しにやって来ると、その男はこう言いました。「ここでこいつを殺すな。俺が必ず苦痛で死なせてみせる」。男はコップを持って来て、そこに放尿すると、私に飲ませました。私はそれを飲みました。翌日食べものを持って来ましたが、そこには石と尿が混ぜられていました。そういうことを、男は何日間にもわたって続けました。「おまえは俺のトイレだ」と言い、放尿したいときには私の脚を開いて、私の性器にしました。コンゴの難民キャンプへ行ってからも、男は私を離さず、したいときにはいつでも拷問や暴行を繰り返したのです。

あるとき、私はルワンダ国境へ向かって歩き始めました。そしてその男から完全に離れたとき、妊娠していることに気づきました。私は毎晩、自殺しようと思って湖のほとりに立ちました。しかし、いったい何だったのかはわかりませんが、何かが私を引き止めたのです。私は赤ん坊に死んでほしいと思っていたので、出産してからとても悩みました。看護婦に説得されて、私は次第に母乳を与えるようになりましたが、決して愛することはありませんでした。私の愛する人の子供はもうおらず、私の家族を殺した男の血を引く子供をもって、私は苦しみました。

2001年に検査を受けてHIV陽性だとわかったとき、私は本当に気がおかしくなってしまいました。私は家を飛び出して藪の中で暮らしました。その後、自分の子供の何人かが孤児院で生きていることを知って驚きました。やっと子供たちに再会したときは幸せでした。しかし私には家も、仕事も、食べものもありませんでした。ただあたりをうろつく狂人だったのです。子供たちは私が母親であることをわかっていて、私も彼らを自分の子供として愛していますが、私たちはそれほど親しくはありません。

ビクトリアと息子チャールズ、娘ローレンス

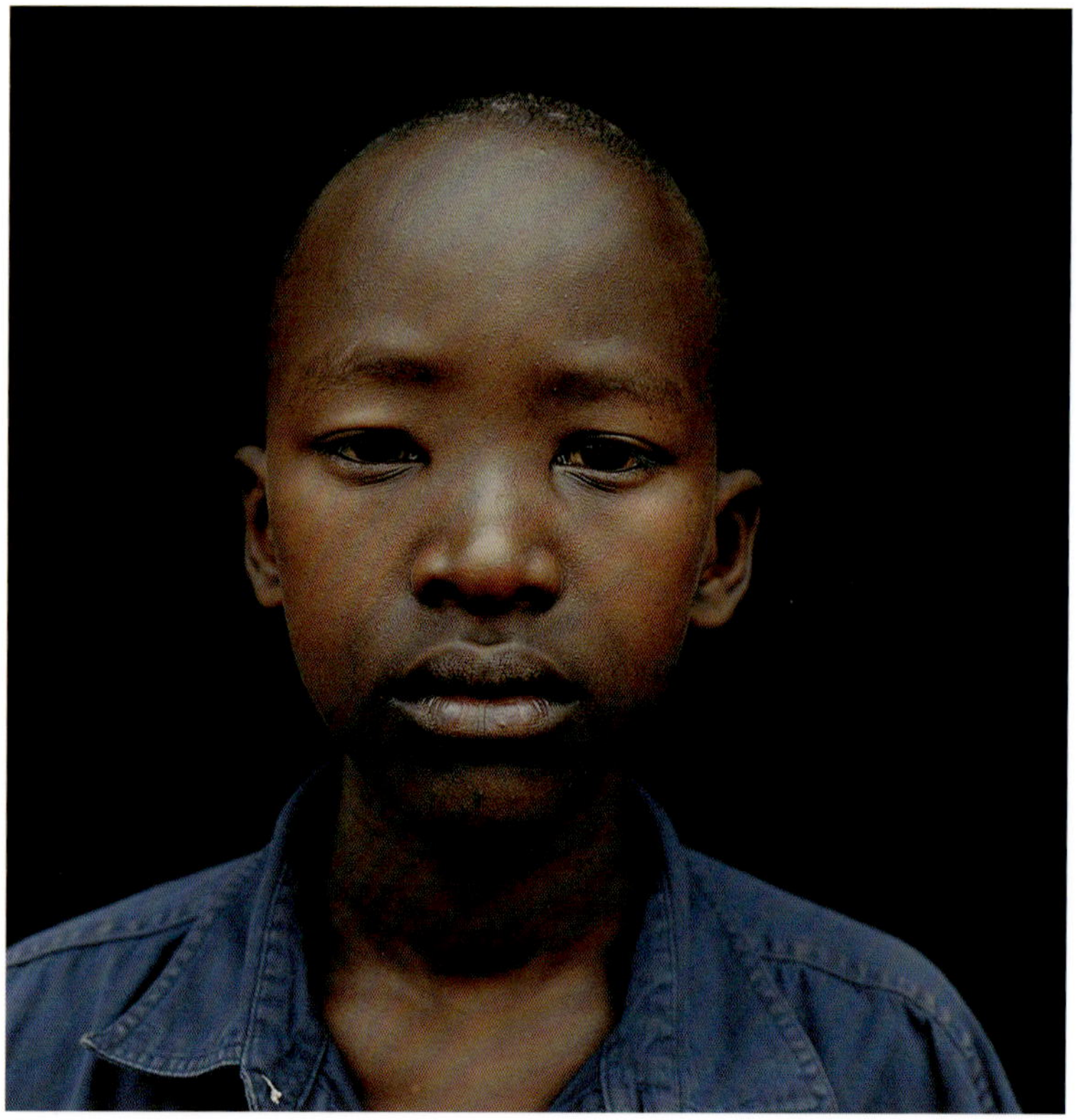

チャールズ 1

私はフツを好きではありませんが、憎んでもいません。彼らを憎んで何になるでしょう？　私の家族が生き返るとでも？

妊娠に気づいてから出産する日まで、私は泣きながら、この子を愛せるだろうかと自分に問いかけました。私をなんとか支えたのは、私を暴行した男が夫になったわけではないという気持ちでした。私は、その男からなんとか逃げおおせたのです。

フツの民兵が家々を攻撃し始めた晩、私は叔母の家にいました。叔母はフツの男性と結婚していました。その日は大したトラブルはありませんでしたが、叔父は、私がこの村では新入りなので、スパイではないかと疑われ始めており、別の家に隠れたほうがいいだろうと言いました。そこで、大統領室で働いている情報官の家が安全だろうということで、そこに連れて行かれました。しかしその情報官は私を守るどころか、自分の妻を休暇に行かせて私を暴行したのです。

そこでの生活は容易ではありませんでした。RPF がキガリに近づくと、その男は逃げなければなりませんでした。私も一緒に逃げるように言われましたが、どの検問所でも私がツチだと見破られることは明らかでした。そこで、男は私がフツとして通れるように私の顔を隠し、鼻をふくらませるように言いました。検問所ではいつも「こいつはヘビだ」と言われましたが、そのたびに彼はこう言い返しました。「私の身分証明書を見ただろう。私は大統領室で働いているんだ。なんでその私がヘビなんかと結婚する？　妻はただ似ているだけで、ヘビじゃない」

しばらくして、自分の家族が殺されたという知らせを聞いて私はこう思いました。「なぜ私は自分を隠さなければならないんだろう？　早く殺されるように、私は自分をこのままさらすべきだ」。こうして私は、その男にとって厄介な存在になってゆきました。彼は私をかばいきれなくなりました。私たちは大勢の兵士に囲まれていたので、男は私の身をごまかすために軍服を着せようと考えました。しかしあるとき私が動けないでいると、「こんなに怠けているのはどの兵士だ?」と顔をのぞきこまれ、私が兵士でもフツでもないことがばれてしまいました。彼らが私を殺そうとすると、その男は戦いました。民兵のひとりが男を撃ち、銃撃戦が始まりました。そして男が別の民兵を撃ったので、彼らは反逆者として彼を捕まえました。

私たちの間に、愛はありませんでした。その男は私に無理強いし、残虐な態度をとりました。私は彼を許さないでしょう。男は獣でしたが、私が生き延びたのは彼のおかげでもあります。他の民兵は、少女たちを暴行して殺しました。それでも私は、自分の家族のことや、自分が処女を失った状況を思い出すたびに、死ななかったことを後悔します。私には母がいました。父がいました。祖母もいました。４人の兄弟もいました。４人の姉妹もいました。そして私は、たったひとり生き残ったのです。フツを好きではありませんが、憎んでもいません。彼らを憎んで何になるでしょう？　私の家族が生き返るとでも？　子供たちは私にこう尋ねます。「ママ、なぜママには叔母さんも、叔父さんも、お父さんも、お母さんもいないの?」そういうとき私は、ルワンダのジェノサイドの話をし、親戚が全員殺され、私を救ったのはこの子たちの父親であることを話すのです。息子が大きくなったときに、もし私がまだ生きていたら、そのイメージは変わることでしょう。しかしいまは、事実を曲げておきたいのです。

エスペランスと息子ジャン＝ルイ

息子が石を投げると、それは民兵のすることだと言われます。
私の家族は息子を見るたびに、
この子の親類が私の家族を、私の父を殺したと言うのです。

LES AIGLES
INITIATION "A"

ジャン＝ルイ

毎日、毎朝、毎晩、違う男がやって来ました。フツの民兵はみな、ここにいいツチの女がいると言いふらしたので、彼らは次々にやって来て私を暴行しました。いったい何人だったかわかりません。2ヶ月間、それが私の人生でした。2ヶ月間、私はこれらの民兵全員の奴隷でした。

妊娠に気づいて、私はとてもみじめでした。強制されたセックスの結果なのだから、生まれて来るのは人間であるはずがない、私のお腹の中にいるのは獣に違いないと思いました。出産が近づき、9ヶ月目に差しかかる頃には、私は毎日、子供が産まれても絶対授乳するまいと考えていました。そうすれば飢えて死ぬだろうと思ったからです。しかし出産してこの子を見たとき、私は態度を変えました。とても愛らしくて、その瞬間から息子を愛してしまいました。

コンゴに避難している間、私はカトリック教会の病院にいました。ある晩、朝早く起きてここに子供を置き去りにして、道路脇で自殺しようと思いました。そして実際にある朝、ベッドの中にくるんだ子供を残して道路の方へ歩き出し、どうにかして自殺しようとしました。薬を探しましたが、どこで買えるかわかりませんでした。それにお金もありませんでした。そこでロープを探しましたが、ロープを買うお金もありませんでした。私はしゃがみ込み、子供と自分のことを考えました。そしてこれは臆病者のすることだと思い直し、病院へと戻ったのです。

ルワンダに戻って来るまで、私は地球上に生存する唯一のツチは、難民キャンプで一緒にいた女性たちだけだと思っていました。家族の誰かが生き残っているなどという希望はもっていませんでした。キガリに着いてみると、叔父は殺されていましたが、従兄妹たちは生きていました。そして母も姉も生きていると聞き、とても嬉しかったのですが、問題はこの息子でした。母はこう言いました。「おまえが生きているのなら、なぜこの民兵の子をここに連れて来るんだい？　そいつを置いてひとりで帰って来るべきじゃないか」

私の家族は、この子を好いていません。息子が何かするたびに、家族はこの子をインテラハムウェ（民兵）と呼びます。息子が遊んでいると、この子が殺したがっているのだと言います。息子が石を投げると、それは民兵のすることだと言われます。私の家族は息子を見るたびに、この子の親類が私の家族を、私の父を殺したと言うのです。母は、この子は自分の身に起きたあらゆることを思い出させると言いました。

私はHIVと、この息子を負っています。しかし正直に言うなら、HIVは息子の人生ほど私を悩ませはしません。息子は私の人生そのものなのですから。あるとき、私は医療カードを受け取りに政府のジェノサイド生存者基金へ行きました。そこで息子の分のカードも尋ねると、私はこう言われてほとんど殺されかけました。「民兵の息子が政府のお金をもらうだなんて、いったいどうやったらそんなことが言えるんだ?」しかし私にとっては、息子は他の子と同じ子供なのです——この子はどこに属しているのでしょうか?

オデットと息子マーティン

私は自分が
母親だとは思いません。
少女だとも思いません。
私は、その間の
何者かなのです。

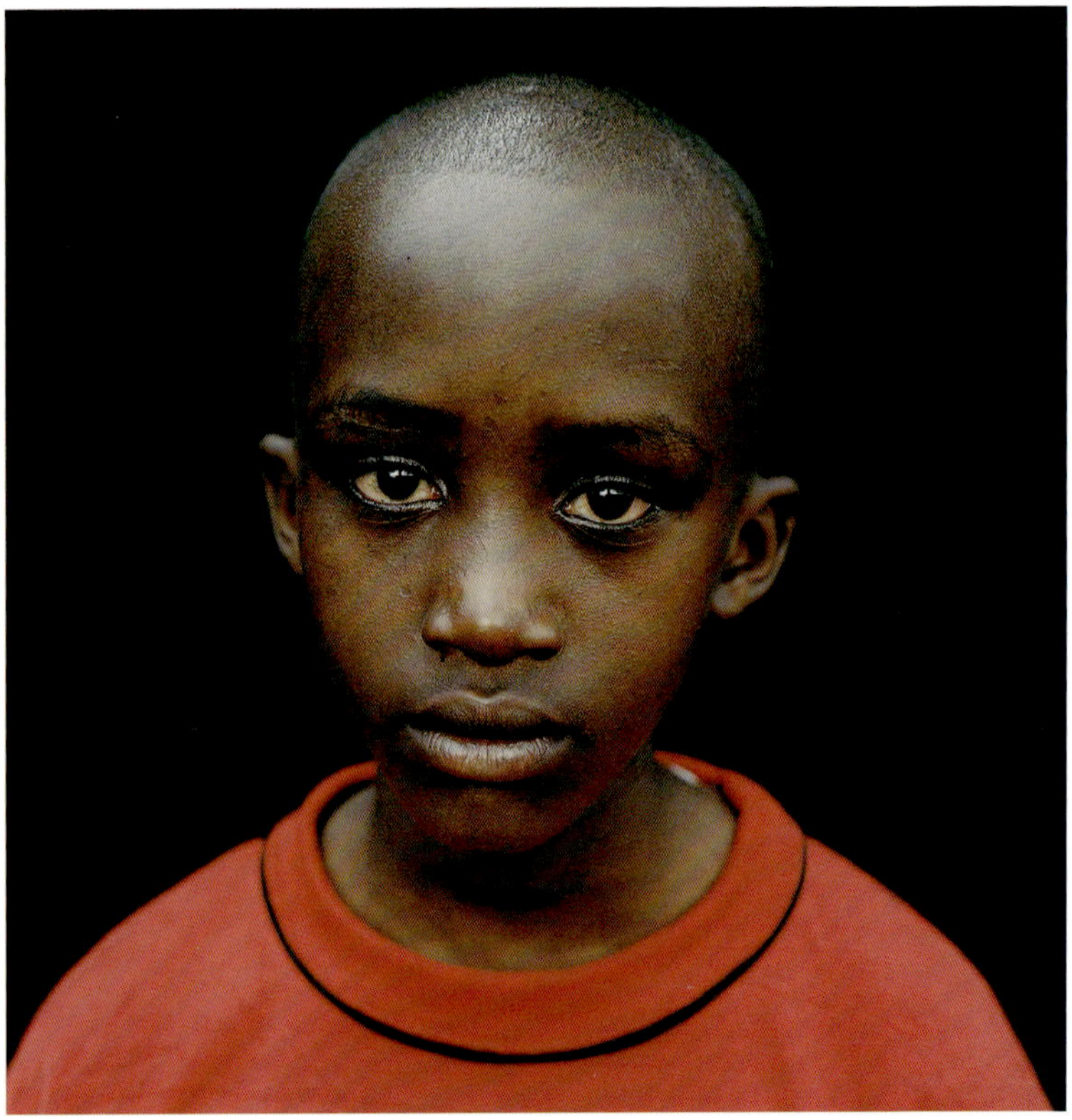

マーティン 1

その民兵が私を暴行しようとしたとき、私は丁寧にこう言って許しを求めました。「私はまだ学生です。まだ若いんです。ですから待ってください。学校を終えたらあなたの妻になりますから、どうか暴行しないでください」。するとこう言われました。「おまえには学校に行っている時間などない。だから誰かの妻になるなんてことは忘れろ。おまえがせいぜい生き延びられるとすれば、俺の家の家政婦になるだけだ」

父は生前、結婚する前に妊娠してはいけないと言っていました。だからきっと、兄にこう言われるだろうと思いました。「なぜ妊娠しているんだ？　誰のせいだ？」暴行のせいで妊娠していた時期、私は中学校に４年間通ったら修道女になってほしいという父の願いのことを考えていました。赤ん坊を堕ろそうと試しましたが、実際どうやっていいのかわかりませんでした。またそれは神に対する罪だとも思ったので、妊娠したままでいようと決めました。

学校へ戻り、心理学の勉強を始めてから、私はやっと息子を愛するようになりました。この子はいろいろな世話を必要としていて、何の責任もないことに気づいたのです。私は、自分のなかにある憎しみを取り除き、それを愛へ変えようと努めました。

現在私は、未亡人と孤児を助ける仕事をしています。彼ら全員に共通しているのは、尊厳を失っているということだと思います。それは特に私にも当てはまります。さらに健康上の問題もあります。性的暴力にまつわる多くの病気は、簡単に口にできるものではありません。そのため女性たちは誰にも打ち明けられず、自分の過去と健康について沈黙を守っているため、その多くが死にかけています。難しいのは、この事態にしっかり取り組むということです。私自身、カウンセリングを受けていなかったら、自分の経験をこのように話せていたとは思えません。

私は自分が母親だとは思いません。少女だとも思いません。私は、その間の何者かなのです。私にはそれが何かはわかりません。母親は家を持っていなければいけませんが、私に家はありません。少女には子供はいませんが、私にはいます。さみしいときには、母の写真を見ます。母が、私をこの世界に連れて来てくれた人だからです。心が傷ついたときにはいつでも、母の写真を見ます。母はもうこの世にいませんが、さみしいと感じたときにはいつもその写真を見て、まだ親がいるような気持ちにひたるのです。

私たちの周りには、壊れて引き裂かれた家族があります。私たちは人間としてではなく動物のように扱われました。どうかすべての人の人権が守られるよう、世界に保障してほしいのです。しかし何よりも、性的暴力が二度と誰の身にも起きないようにしてほしいのです。なぜなら、性的暴力は犠牲者ひとりひとりだけでなく、それによって生まれた子供たちにも大きく影響するからです。

ウェラと息子フランソワ

戦争だと気づいたとき、それはジェノサイドでした。
私は孤児になっていました。

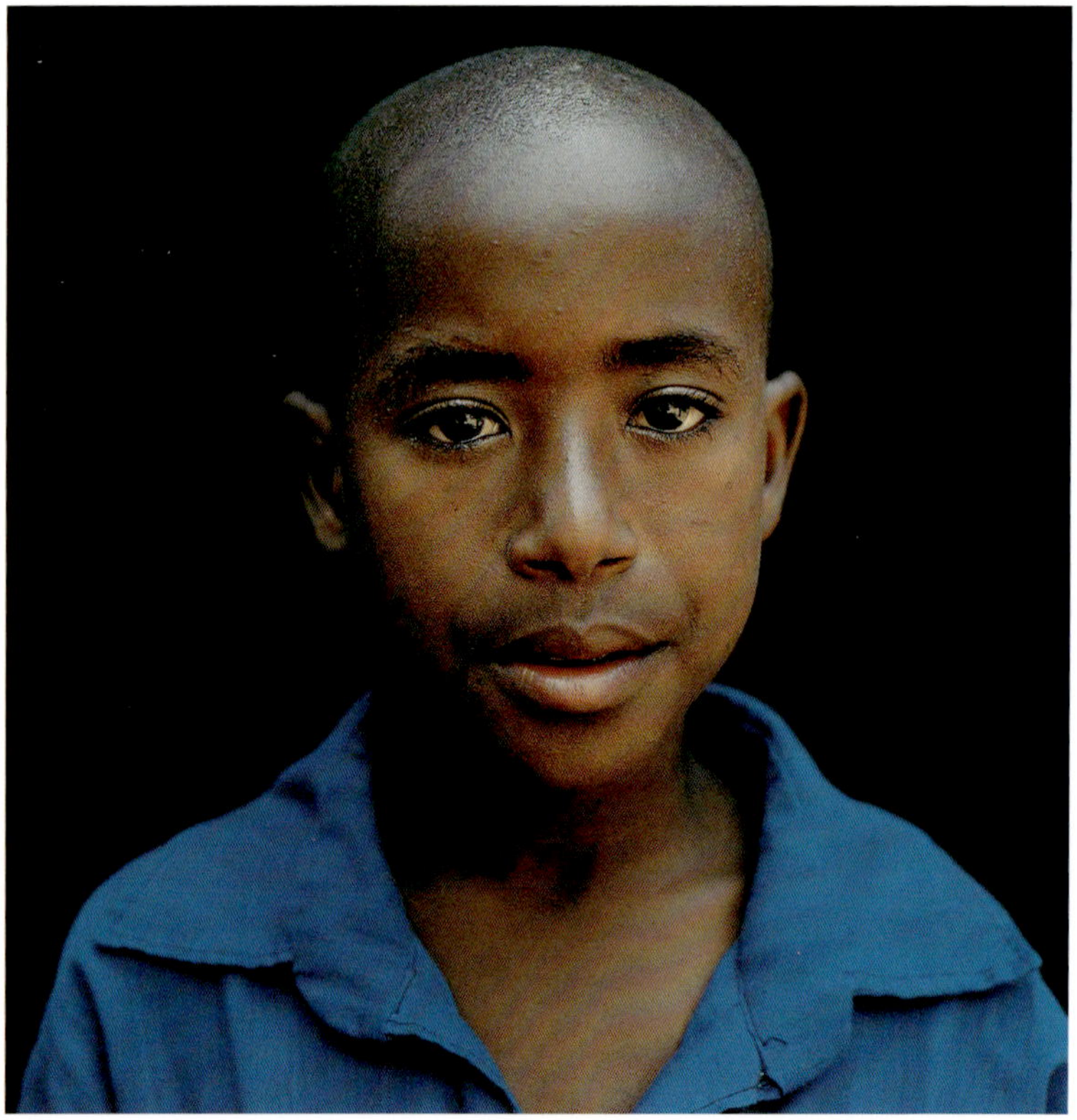

フランソワ 1

ジェノサイドについて語ろうとしても、十分な言葉が見つからないのです。

ジェノサイドについて語ろうとしても、十分な言葉が見つからないのです。ただ、それが私から両親と、家族と、子供時代と、私が人生においてあれほど大切にしてきたすべてを奪ったとしか言えません。さらに私はそのせいで、14歳で暴行されました。そして、それだけでは悪いことが足りないとでもいうかのように、その結果、妊娠しました。私は赤ん坊を抱え、誰とも話せず、誰からの助けもなく、誰とも――ひとりきりで、もがいてきました。

フツの民兵たちが私の母に何をしたか、思い出したくもありません。彼らは母を暴行しました。それを見せられるのはじつに耐え難い経験でした。戦争だと気づいたとき、それはジェノサイドでした。私は孤児になっていました。私たちは教会に逃げていましたが、そこを後にするときには母も祖母もすでに死んでいました。叔父と兄妹も殺されていました。私は、死ぬのならみなと同じ場所ではなく、いっそのこと外で死にたいと思い、教会から走り出ました。すると民兵たちに追いかけられ、捕えられて、太い木の幹に釘を打ち込んだ棍棒で頭を殴られました。髪の毛がなければ、いまでもその傷跡が見えます。私は意識を失いました。彼らは私を殺したものと思って、その場に置き去りにしました。

その後、私は妊娠に気づき、とても悩みました。しかし当時の私にとって、妊娠はそれまでの体験に比べれば大したことではありませんでした。本当に問題だったのは、叔母も叔父もいないということでした。親族で生き残った者は誰もいませんでした。ですから私は、自分だけしかいないという事実に、正面から向き合う覚悟をしなければなりませんでした。心の準備もないままシングルマザーになるのは、とても辛い経験でした。しかし他に誰もいないのに子供だけがいるというのは、ある意味で幸せなことでもありました。家族の誰ひとりとして生き残らなかったからこそ、神様は私が誰かと一緒に生きられるように計画してくださったのだとも思ったからです。そこで私は自分にこう言いました。「さて、この子の世話をしましょう。この子だけが私の家族の血を引くのですから」。本当のことは誰にもわからないとはいえ、この子が地球上で私の唯一の家族かもしれないのです。私の感情は複雑です。辛さと幸せが入り混じっています。

ベアトリスと息子アントワン、ジェフリー

アントワン

母親であることに、私は幸せを感じません——暴行を受けた結果、私には２人の子供がいます。この子たちは私の人生をゆがめました。暴行の経験は、私の夢を打ち砕きました。この子たちには家族がなく、その将来もはっきりしません。この子たちがどこに属しているのか、私にはわかりません。子供自身にもわからないのです。この子たちが見ているのは私だけですが、私は自分を保つことができないでいます。この子たちには家族がないので、明るい未来があるとは思えません。父親もいません。住所もなく、どこにも属していません。社会から認められていないのです。

ジェノサイドが始まったのは、私が17歳のときでした。私たちは家から走って逃げ出し、両親と兄弟のほとんどはある方向へ向かったのですが、私は別の方向へと向かいました。彼らは生き残れず、私は生き残りました。私は一晩森の中に隠れ、それから叔父の家に隠れようと決めました。しかし、そこに着いた翌日、フツの民兵がやって来て捕えられました。彼らは私を家政婦にすると言いました。そのうちひとりが私を自宅へ連れて行き、そこに着くなり私と「結婚した」と言い出しました。私は彼の「妻」だと言われたのです。彼は毎晩私を暴行し、閉じ込めました。一見してツチだとわかるこの外見のせいで、私は家から出ることができませんでした。フツの人たちはそこらじゅうにいたので、すぐにばれてしまったことでしょう。私は妊娠しました。その結果がこの子、アントワンです。

その男は、RPFが前進して来るまで私を自宅に閉じ込めました。自分が逃げるときになって、私を無理やり連れて行きました。私たちは一緒に走りました。チャコンゴラと呼ばれる場所にたどり着き、それからブルンディに逃げ、さらにタンザニアへ行きました。その間私は毎日暴行を受け、そのせいでふたたび妊娠し、1996年に２人目の子供、ジェフリーを産みました。

ルワンダに帰って来てから、私は遠い親戚の家を転々としました。しかし、どの家族も私の子供たちを好いてくれませんでした。民兵の子を連れていなければ受け入れてやるとも言われました。子供たちと別れるのはとても辛かったのですが、結局、私は彼らを孤児院に入れました。しかしいざ離れてみると、私は取り乱してしまいました。実際、子供たちは孤児院できちんと世話を受けていませんでしたし、私もさみしかったのです。結局、私は家族のなかにいることの安心感を手放そうと決心し、ようやくいまの住まいを見つけ、孤児院からこの子たちを引き取ったのです。

クレアと娘エリザベス

エリザベス

私から子供たちへの
メッセージは、
フツかツチかで
人を見てはならない、
ということです。

何人だったかわかりませんが、毎回私は誰かに「救われ」ました。暴行した男は私を別の藪へと連れて行き、そこで私はまた別の男に暴行されました。そうやって私は移動していったのです。

ジェノサイドが起きるまで、私には家族も、両親も、親戚も、兄妹もいました。ジェノサイドによって壊されるまで、私たちは幸せに暮らしていました。そして、全員が殺されました。私をのぞいて。

４月６日、大統領が殺されると、村にいるツチの人々がフツの民兵の標的になりました。民兵たちは、何年も前から準備をしていたかのように、大変よく組織されていました。私たち家族は近所の教会へ避難しました。司祭が私に、司祭長の家に隠れるようにと言いました。私がそうすると、司祭は自分の友人を呼び、「ツチの少女を楽しむ」機会だと言いました。こうして彼らは私を暴行しました。２人は司祭長の家で、それぞれ３回私を暴行しました。その後、ひとりが私をあざけってこう言いました。「おまえを愛したかったが、おまえはプライドが高すぎる。おまえを欲しいと思わなくても俺は楽しんだよ」。そして他の民兵たちが呼ばれ、私はほとんど殺されかけました。その司祭長が管轄する教区の外で、上の歯を棍棒でへし折られました。

民兵たちは森の中に、いくつも穴を掘っていました。私はそこで棍棒と鉈《なた》で殴られ、死体の中に放り投げられました。私はもう死んだものと思われていました。どうやって生き延びられたのか自分でもわからないのですが、その晩、私はどうにかして死体の間をゆっくりと歩き、藪の方へこっそり向かいました。しかし、その途中でまた大勢の民兵に見つかってしまい、全員に暴行されました。何人だったかわかりませんが、毎回私は誰かに「救われ」ました。暴行した男は私を別の藪へと連れて行き、そこで私はまた別の男に暴行されました。そうやって私は移動していったのです。長い距離にわたって、私はたくさんの男に暴行されました。最後の男は、自宅に私を何日間か閉じ込めました。そして昼間は人殺しに出かけ、夜帰って来ると、私にしたいことを何でもしました。幸いなことに、その男はある日殺しに出かけたまま、二度と帰って来ませんでした。

妊娠に気づいたとき、産んだらすぐに殺そうと思いました。しかし出産してみると、私の家族にそっくりだったので、この子は私の一部なのだと悟りました。そうやって私は娘を愛するようになりました。いま私は娘をとても愛しています。実際、私たちの関係は母子というより姉妹のようです。私はその後、ある男性と結婚し、娘に関する真実のすべてを夫に話しました。夫は私を守ってくれるだろうと思いましたが、４年後、娘に対する考え方を変えたように見えました。私たちはすでに別れました。私はひとりで娘と一緒にいるほうがいいのです。もし手立てがあるなら、娘を中学校へ行かせたいと思っています。私が受け継がせてやれるのはそれだけだからです。

私は当初、戸外でフツの人を見るたびに動転してしまいました。まるで獣に出くわしたかのようでした。教会の中にいるときですらトラウマがよみがえることがあり、ひどい頭痛のために入院することもたびたびでした。しかしセラピーを受けて、彼らを徐々に受け入れられるようになりました。私は自分の子供たちに、民族主義的なイデオロギーを勧めません。私から子供たちへのメッセージは、フツかツチかで人を見てはならない、ということです。

フィロメナと娘ジュリエット

私はこの子を愛していません。
この子を見るたびに、
暴行の記憶がよみがえります。
この子を見るたびに、
あの男たちが私の両脚を広げるイメージが浮かびます。

ジュリエット 1

私たちは「ラジオ・ルワンダ」をつけていました。聞こえてくるのはゆっくりとしたクラシック音楽ばかりで、まるで喪に服しているかのようでした。

ジェノサイドが始まったとき、私は13歳で、中学1年生でした。私の家族は小さな酒場を営んでいて、父は友人たちとお酒を飲んでいました。突然、大きな爆発音がしました。そこにいた人たちは、雷か、雨か、銃声かと驚きました。その後ニュースで、ルワンダの大統領が乗った飛行機が墜落し、ブルンディの大統領と共に死んだと聞きました。私たちは「ラジオ・ルワンダ」をつけていました。聞こえてくるのはゆっくりとしたクラシック音楽ばかりで、まるで喪に服しているかのようでした。

私たちが家の中に何日かとどまっていると、民兵がやって来て父を殺しました。続いて兄も殺されることになると思いました。民兵たちは母と姉を居間に閉じ込め、「俺たちはおまえとセックスする」と言い出しました。そこで私はこう言いました。「待ってもらえませんか?　戦争が終わったら、私はあなたの妻になります。あなたには十分に時間があります」。するとこう言い返されました。「戦争が終わってもおまえが生きているなんて誰が言った?」私は処女なのだと言って懇願し続けましたが、彼らは「おまえがそんなに臆病者なら、ひとつ見せてやろう」と言い、母の服をすべて脱がせ、暴行しました。私が目をそむけると、こう言われました。「だめだ、これを見て覚悟しておけ。どうやってそれが行われるのか、おまえに見せつけておきたいんだ。この後、おまえをやるからな」。彼らは閉め切った部屋の中で、母を次々に暴行しました。その後、姉を暴行しました。それから、私を暴行しました。

その後、私は民兵の司令部へ連れて行かれ、そこに2ヶ月間いました。私たちの生活は、80パーセントがセックスで、残りの20パーセントは料理でした。私たちは1階にいて、銃や武器は上の階にありました。打ち合わせが終わって、セックスをしたい者がいれば、私たちのところにやって来ました。男たちはその日の相手を好きなように選べました。

戦いが終わったと聞いて、私は家に帰ろうと思いました。そして戻ってみると、姉は家にいましたが、母はギタラマにいました。その後帰ってきた母に、私が妊娠しているようだと言われました。当時、民兵の子供を堕ろすことは可能でした。しかし母はこう言ったのです。「いいえ、私はキリスト教徒なのよ。あなたが人殺しをするなんて許せない。ただ耐えなさい。あなたの子供なのだから、いずれ、あなたもその子を愛するでしょうから」

今日、私は大きな問題を抱えています。私は母親ですが、母親でありたくないのです。私はこの子を愛していません。この子を見るたびに、暴行の記憶がよみがえります。この子を見るたびに、あの男たちが私の両脚を広げるイメージが浮かびます。娘が無実だということはわかっていますし、娘を愛そうとしました。でも、できませんでした。普通の母親が子供を愛するようには、私には娘を愛せないのです。私にはこの子の未来がわからないのです。私は神にお許し下さいと祈りました。おそらく時間が経てば、娘を愛するのでしょう。でも、いまはできません。ときどき、自分はなぜ中絶しなかったのだろうかと後悔します。しかしその一方で、この子は私の人生で唯一の娘なのだからと、思い直すときもあります。長い間、私は神を本当に憎んでいました。私はこう自問したものです。なぜ人々は死んだのか?　なぜ私の家族は死んだのか?　なぜこの壮絶な暴力が起きたのか?　なぜ私はHIVに感染しているのか?　どこに神はいるのか?　なぜ神はこんなことを起こさせたのか?

アンヌ＝マリーと娘セレスタイン

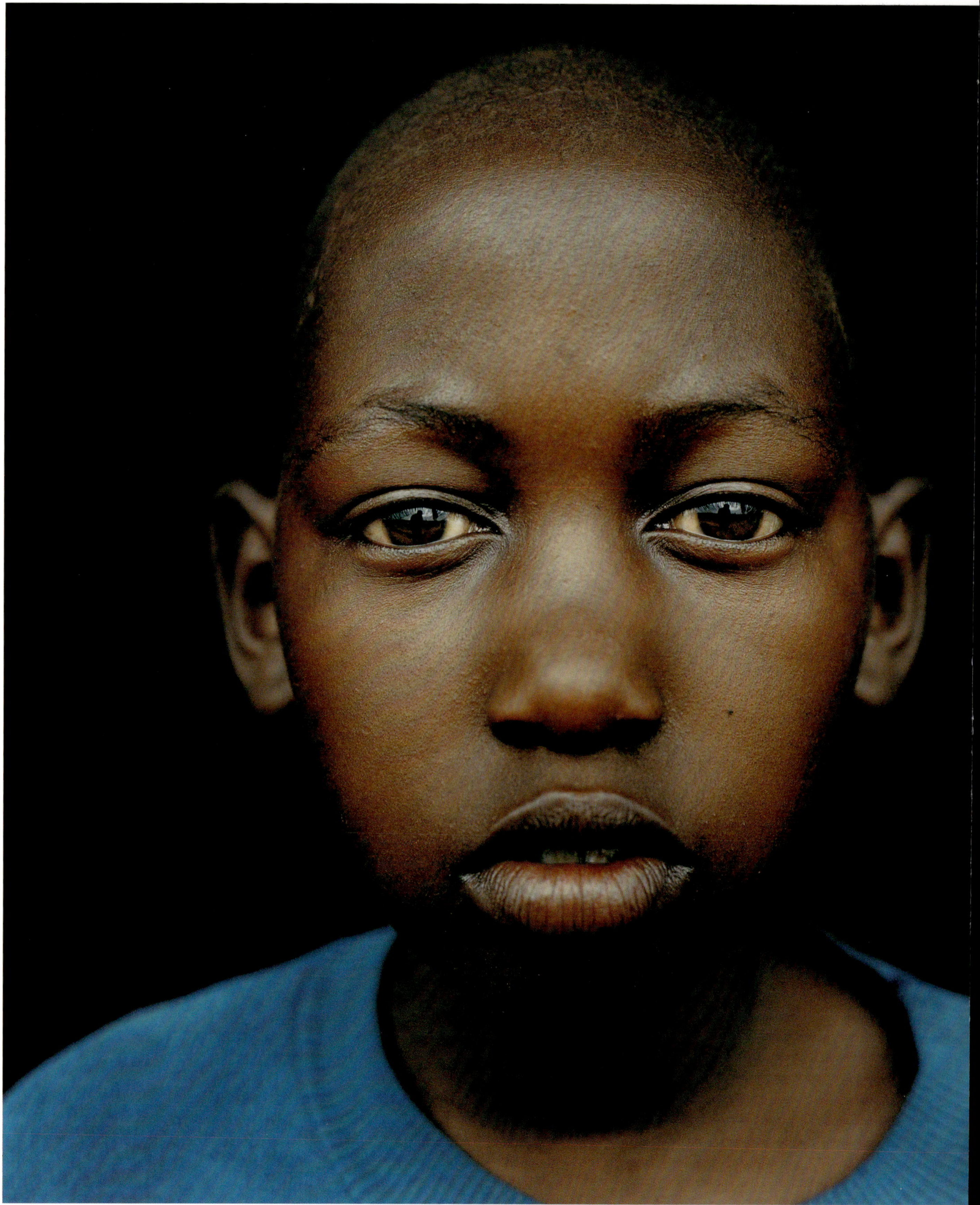

セレスタイン

ルワンダ国内の難民キャンプには、あちこちの村から人が集まっていました。そこに着いて3日間が経った頃、兵士たちがやって来て人々を集め始めたので、嫌な予感がしました。兵士たちはしばらく何も言いませんでしたが、昼ごろになって、人々に男女別に分かれるよう命じました。そして男性たちが片側へ集まると、そこに向かって銃撃が始まりました。私は、北の方へ走って逃げました。

その地域の指導者が会議を招集して、人々に向かってこう言いました。「もといた場所へ帰りなさい。女たちは出身地へ戻ってよろしい」。そこで私は歩いて引き返すことにしたのですが、まさかそれが深刻な事態につながるとは知るすべもありませんでした。途中で、ある家に立ち寄って水をくれないかと頼んだのですが、追い払われました。しかし私はもう限界にきていたので、なんとかしてその家の主人と会わせてもらいました。すると、その主人は憎々しい表情で私をにらむと、鉈《なた》で私の顔を切りつけたのです。私は走って逃げましたが、もう力が出ませんでした。昼間は外を歩きたくなかったので、ある場所に身を隠しました。人々が鉈《なた》で殺されたり、棍棒で殴られたり、刺されるのが聞こえました。

カトリック教会へ行ってみると、民兵のグループがいましたが、そこに知り合いがいました。その知り合いは、私が顔の傷を見られたらすぐにツチだとばれてしまうから、ここに隠れるのではなく、ランゴという場所の近くにある家に隠れたほうがいいと勧めてくれました。ところが彼は、私を殺すためにそこへ2人の男を送り込んだのです。男たちは、私の血は縁起が悪いから家の中では殺せないと言って、鉈《なた》や棍棒で私を殴りました。そして私を森へ連れて行き、暴行しました。

暴行が済むと、男たちは少年を2人呼び出してこう言いました。「この女は可愛いから、おまえたちも楽しむがいい」。それがひとしきり終わると、男たちは言いました。「このツチの女は満足していない。トウモロコシの茎を削ってペニスの形にして、それでこいつを満足させよう」。彼らはそれを作って、私の両脚を開いて入れました。その夜以降、私は歩けませんでした。

民兵のリーダーに見つかったとき、私はこう言われました。「他のやつらは全部殺したから、こいつらも殺さないと。もしこのままにしておいたら、状況が悪くなったときに俺たちのことを言いつけたり、悪い因縁になったりするだろうから」。すると民兵のひとりがリーダーに聞きました。「いまどうやって30人も殺すんですか？　あまりにも多すぎますよ」。もうひとりの民兵が、自分の土地にすでに墓を掘っていたので、そこへ私たちを連れて行こうと言い出しました。「そこへこいつらを連れて行って殺そう。そこで腐れば、俺の農場のいい肥料になるだろう。バナナを植えれば、よく育つだろうよ」

デルフィンと娘ソフィー

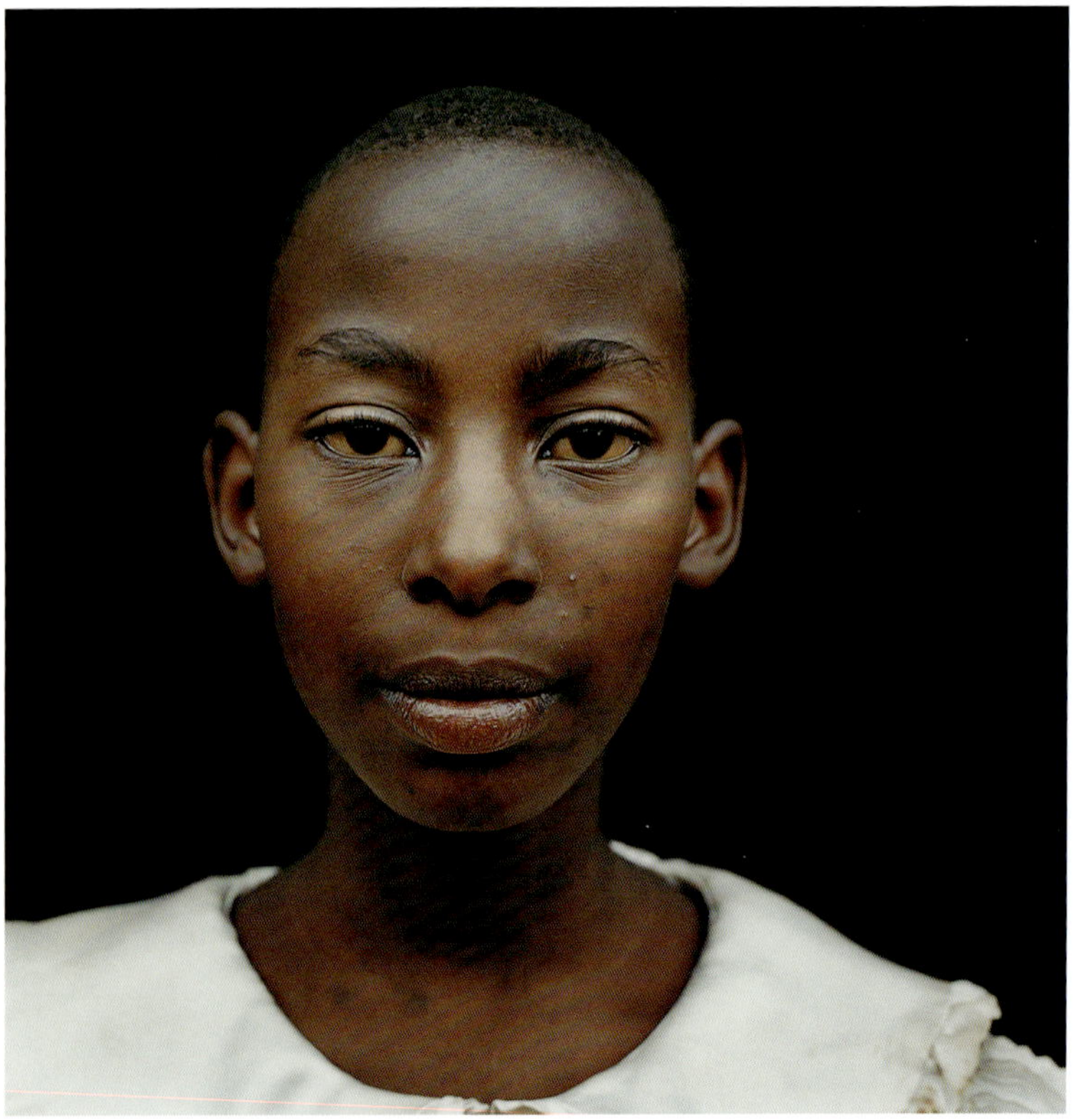

ソフィー 1

人々は私たちを、民兵の性欲の食べ残しなのだと言います。そのことを考えるたびに、私は自己嫌悪に陥ります。それについては話したくありません。

封鎖地点で、ある民兵が言いました。「こいつを殺さないといけない。この女はここを越えることができない」。私はまだ17歳でした。その言葉にはまったく筋が通っていませんでした。なぜ私が？　なぜ他の誰かではなくて？　私は言い争いました。「なぜ他の人たちじゃなくて、私を殺すというの?」「おまえがツチだから殺すんだ」。私が死ぬ覚悟を決めていると、ひとりの若い民兵がやって来てこう言いました。「いや、このきれいな娘を殺すな。俺が“妻”としてもらうよ」

こうして、暴行の試練が始まりました。男は学校の校舎に設けられた司令部へと私を連れて行きました。その近くの藪の中で、私を横たわらせ、暴行しました。私は血を流しましたが、そのこと自体が最悪だったわけではありません――最悪だったのは、みなが見ている前でされたという恥でした。その男は昼に、夕方に、夜にやって来ました――３日間、私を暴行し続けたのです。

自分が妊娠していることに気づいたとき、私はあの夜のことを思い出しました。民兵が私をさらし者にしたあの拷問のことを。私はこの妊娠を決して受け入れられませんでした。あの男の、決して愛のかけらも私に見せなかったあの男の子供を産むことを想像して、私は中絶しようと思いました。しかしいざ出産してみると、驚くべきことに、私は何の辛さも感じませんでした。この子を産んで幸せに思っている自分に気づいて、驚きました。

しかし娘が成長するにつれて、言うことを聞かなかったり行儀の悪いことをしたりするようになると、他の子供たちも同様だとわかっていても、私は耐えられなくなりました。この子も父親のように悪くなるはずだからと、あの男が私を苦しめ続けるために巧妙に置いていったものであるかのように感じました。しかし、私は本当に娘を愛しているのです。私は自分が母親であることを幸せに思っています。最初の６年間、私は男性に近づくことすら耐えられませんでした。人々に通りすがりに、「ほら、あの娘をごらん。暴行されたんだよ」などと言われると、私の心はずたずたに傷つけられます。自分に何の価値もないような気持ちになります。だからそのことは考えないようにしてきました。人々は私たちを、民兵の性欲の食べ残しなのだと言います。そのことを考えるたびに、私は自己嫌悪に陥ります。それについては話したくありません。

私の娘はいま、小学校の最終学年にいます。娘はとてもよくやっていますが、中学校へ行けるかどうかはわかりません。合格しないということではなくて、私が娘を学校にやるだけのお金があるとは思えないからです。何かが起こらない限り、娘はここで学校を諦めなければならないでしょう。私は食べものを手に入れたり、この家の家賃を払うことにすら苦労しています。私は、ジェノサイドが起きる前、自分の家がどんなだったかを覚えています――とても裕福な家族だったんです。そのこともまた問題なのです。

シャンタルと娘ルーシー

ルーシー

マミー、どの子にもお父さんがいるよ。なぜ私にはお父さんがいないの？

私はしょっちゅう病気にかかります。私はひとりぼっちです。誰も私を訪ねて来ないし、誰も私を病院に連れて行ってもくれません。それが１つ目の問題です。２つ目の問題は、娘が何かほしがっても、私にはあげることができないということです。それが最も大きな問題です。娘にほしいものをあげられないということがどんな気持ちか、説明することはできません。

フツの民兵たちは警笛と槍を持ってやって来ました。そのうちのひとりに見つかりましたが、その男は私の父を知っているから私を守ってやろうと言いました。そこで私を自宅へ連れて行くと言われたのですが、いざ着いてみると、その男は結婚していることを理由に、私を自宅に入れませんでした。そして同じ民兵で人殺しに出かけ留守にしていた従兄の小さな家に、私を入れました。

夜になると、男はその従兄の家にやって来て、私を暴行しました。男の妻もその場にいましたが、男は妻のことをまったく気にかけていませんでした。そして朝になると、私に槍を突きつけて言いました。「ここから動くな。もし動いたら殺すぞ」。この日から、私は正式な２番目の「妻」だと言われました。私はその男の「妻」として家にいました。男は殺しに出かけ、帰って来ると私を暴行しました。そしてまた殺しに行き、帰って来ました。そういう生活が4ヶ月間ほど続きました。私は決してその男を愛しませんでした。彼は結婚していて、４人の子供がいました。そのときまで、私は処女でした。

もしあの男が公の場で許しを求め、私にしたことをみなに話すのなら、私は喜んで彼を許すでしょう。ここにある冊子には、私たちに悪いことをした人々を許し、国の統一のために和解しなければならないと説かれています。

私はこの子をひとりで育ててきました。大変な道のりでした。まだ娘には事実を話していませんが、あるときこの子が学校から帰って来て、こう言ったんです。「マミー、どの子にもお父さんがいるよ。なぜ私にはお父さんがいないの?」私は思わずすべてを話しそうになりましたが、その代わりにこう言いました。「お父さんは亡命しているのよ」。すると娘は聞きました。「なぜ亡命しているの?」そこで私は娘に、父親は民兵なのだと言いましたが、娘は私の言うことを信じませんでした。

グループ・カウンセリングの場で、私たちは班に分かれてお互いの経験について話し合いました。これはとても役立ちました。他の人たちといると、自分のことを忘れることができたからです。私はひとりの男に暴行されました。しかし、10人に暴行された女性もいましたし、５人にされた女性も、あるいは人数を数えきれない女性もいました。それを聞いて、私が抱える問題は他の人に比べれば小さいということに気づきました。そのおかげで何とかやっていけるんです。

マーガレットと息子ジョーゼフ

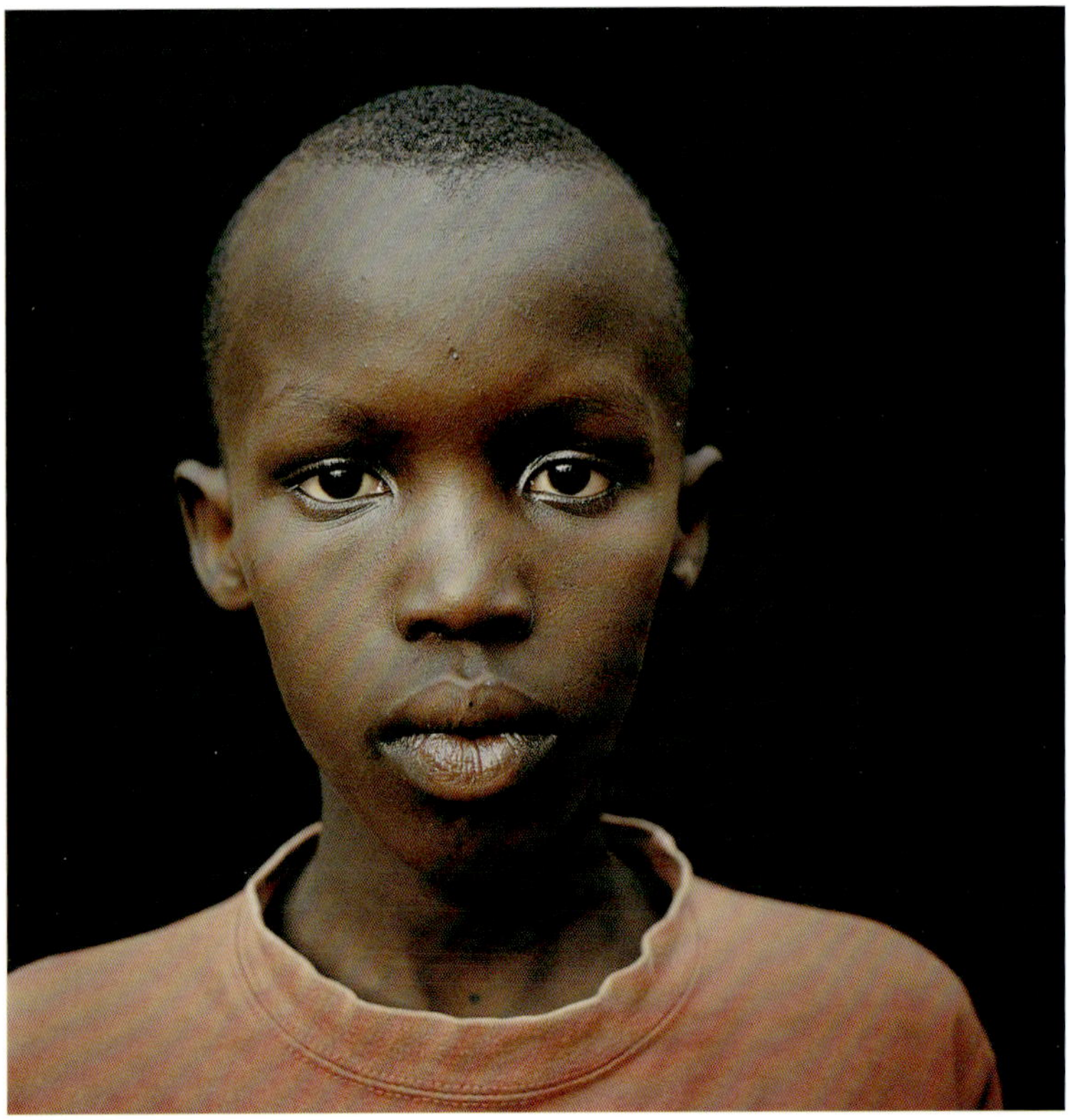

ジョーゼフ

私たちは何日も家の中にいましたが、あたりは不穏な雰囲気に包まれていました。5日目の早朝、民兵たちがやって来て、出て行けと言いました。彼らは私たちを道路へひっぱり出しました。民兵たちが鉈《なた》や棍棒で人々を殴っているのを見て、私は起き上がって走り出しました。男たちに追いかけられましたが、私は速くてタフだったので、誰にも追いつかれませんでした。そして高台まで走り続けたのですが、とても深い溝の中に落ち、背中を痛めてしまいました。民兵たちはそれで私を殺せただろうと考えましたが、私は死にませんでした。私は2日間、動けないままその溝の中にいましたが、誰も通りかからなかったので、這って道路へたどり着きました。いっそのこと家で死のうと思って、私は戻ることにしました。そこで近所の人たちと再会したところ、そのうちのひとりが私の息子をかくまってくれていました。RPF の兵士たちがスタジアムの近くで人々を救助していると聞いたので、私たちはみなが寝ている間にそこへ行くことにしました。ところが着いてみると、そこはふたたび戦いの前線だったのです。

民兵たちは銃を撃ち始め、次々に人を殺しました。私たち3人が走れずにいると、彼らは私たちを暴行しました。ひとりが私の手をつかみ、もうひとりが私の脚をつかみ、そしてもうひとりが暴行したのです。その後、男たちは順番を変え、別の男が私の手をつかみ、別の男が暴行しました。私はその3人に暴行されました。

妊娠に気づいたとき、私はショックを受けませんでした。ずっと前に、暴行を受けて子供を産んだことがありました。2人目の子供が必要でしたが、性的暴力からではない子供がほしかったのです。正直なところ、私はこの子をとても愛しています。なぜかはわかりませんが、愛しています。この愛のために、私はこの子を守ります。この子に自分が生まれた状況のことを知ってほしくはありません。父親が同じではないことを、長男すら知りません。彼らは、自分たちの父親は同じで、ジェノサイドで死んだと思っています。別にもうそんなことはどうだってよいのですが。

私の家族はこの子たちを愛していません——長男すら。長男の父親は民兵ではないにもかかわらず、私が暴行されたからといって、どちらの子も私生児と呼んで嫌うのです。せめてもの慰めは、自分がこの子たちを愛しているということです。私たちをしっかりと支えてくれる教会のコミュニティがあります。私は家族に代わるものを見つけたのです。私は神への信仰によって心の平安を得ました。そのおかげで、物事がより良くなることを願って前進することができます。私が生き延びたのは、偶然ではなかったのだと思います。理由があるはずなのです。私は子供たちにいつも、笑うように、互いに笑い合うように、他の人や神と共に笑うように、そしてどんな状況にあっても辛抱強くあるようにと励まします。もし辛抱強く、どんな状況も受け入れられるなら、未来への覚悟ができるでしょうから。そして私はいつも最後に、良いことはすべて未来にあると言って聞かせます。未来を手に入れるために、この子たちは努力しなければならないのです。

私の家族はこの子たちを愛していません——長男すら。長男の父親は民兵ではないにもかかわらず、私が暴行されたからといって、どちらの子も私生児と呼んで嫌うのです。

アンリエットと娘ノエミ

家を襲いにやって来た民兵たちは、
「アンリエット、アンリエット」と、
私の名を叫びました。

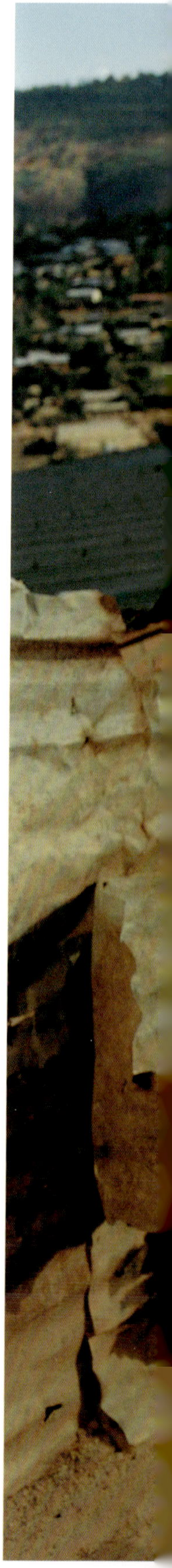

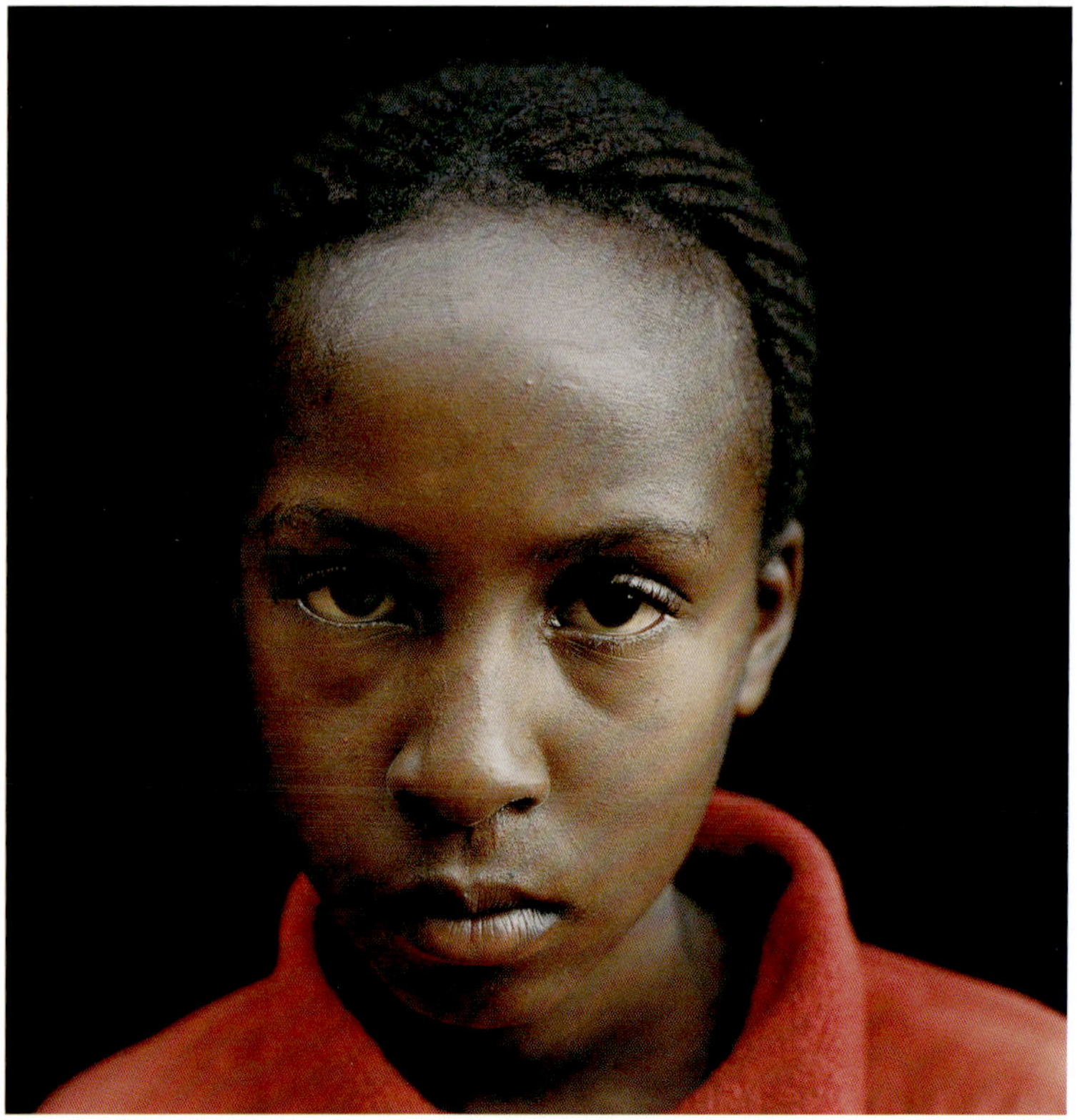

ノエミ 1

私は、覚悟がないまま母親になりました。いま、私を幸せにできるものは何もありません。私の人生は壊されてしまいました。私は自分が生きることに何の興味もありませんが、この２人の子供のために生きています。彼らのために、なんとか生きているのです。

ある日、叔父と一緒に働いていたフツの神父が叔母のところにやって来て、叔父が殺されたと告げました。それだけではありませんでした。フツの民兵たちが私を「妻」にするため誘拐しようと計画しているというのです。神父はとても心配して、叔父やこの教会区のツチの神父たちが殺されたことを知らせるために、叔母のところに駆けつけてくれたのでした。それを聞いた叔母は、逃げなければならないと確信しましたが、もう遅すぎました。そこらじゅうで道路が封鎖され、あちこちで殺人が始まっていたのです。

家を襲いにやって来た民兵たちは、「アンリエット、アンリエット」と、私の名を叫びました。ジェノサイドが起きる前ですら、教会へ向かう私たちが訓練所の前を通ると、後にあの民兵となった少年たちに言われたものです。「いつか、おまえをものにしてやる」。彼らが私の名前を叫んでいるのを聞いて、私はぎりぎりの瞬間まで隠れましたが、すでに死を覚悟していました。

彼らは15歳か16歳の少女たちを、近くの藪の中へ連れて行きました。そして一日中私たちを暴行しました。次々に取り替えて、夕方６時まで続きました。その後、私たちは教会に閉じ込められました。彼らは最初に男性を、若い男性を殺しましたが、私たちのところにやって来るときにはいつもこう言いました。「こいつらを殺すな。俺たちの“妻” になるから。殺すんじゃねえぞ」

私たちはみな身体に傷を負っており、そのうちの何人かは重傷でした。私は歩くことさえできず、ただ座っていましたが、民兵たちが人々を殺すのが聞こえました。人々が騒ぎ、叫び、斧で切られる音が聞こえました。道路の方からは、鉈《なた》をふるう音や、「許して下さい、許して下さい」という声が聞こえました。怖かったですが、私たちはここから動かないと決めていました。何でも来るがよいと思っていました。もう動くつもりはありませんでした。

私は自分を憎みます。父は死にました。母も死にました。叔母も死にました。私の学費を払ってくれた叔父も死にました。私は心の奥底で、家族が自分以外全員死んだのだから、ここにとどまる理由はないと思っていました——ただ、死にたかったのです。ひとりになりたいと、目立つ所に行ってすぐに殺されて、この苦悩から救われたいと願っていたのです。

主要年表

1300年代	すでにトゥワとフツの人々が住んでいた現在のルワンダにあたる地域に、ツチの人々が移住
1600年代	ツチの王であるルガンズ・ンドオリが、ルワンダ中央部とその周辺のフツ居住地域を制圧
1800年代後半	ツチの王であるキゲリ・ルワブギリが、中央集権化された軍事組織によって統一国家を樹立
1858年	イギリスの冒険家ハニング・スピークが、ヨーロッパ人として初めてこの地域を訪問
1890年	ルワンダがドイツ領東アフリカの一部となる
1916年	ベルギー軍がルワンダを制圧
1923年	国際連盟がルアンダ・ウルンディの統治をベルギーに委任し、ツチの王を通したベルギーの間接統治が始まる
1946年	ルアンダ・ウルンディが、ベルギーが支配する国連信託統治地域となる
1957年	フツ側がルワンダの権力構造改革を求める宣言を発表、人数に相応した発言権を要求。フツ系の政党が結成される
1959年	フツ・ツチ間の騒乱を受け、ツチの王キゲリ5世が数万人のツチと共にウガンダへ亡命
1961年	ルワンダが共和国樹立を宣言
1962年	ルワンダが独立し、フツ系のグレゴワール・カイバンダが初代大統領に就任。多くのツチが国を離れる
1963年	ブルンディに拠点をおく反逆的なツチの侵攻を受け、報復として約2万人のツチが殺害される
1973年	ジュベナル・ハビャリマナ率いるクーデターにより、グレゴワール・カイバンダ大統領が退陣
1978年	新憲法が批准され、ハビャリマナが大統領に選出される
1988年	ブルンディで起きたフツ・ツチ間の騒乱を受け、約5万人のフツ難民がブルンディからルワンダへ避難
1990年	ツチを中心とする反政府武装勢力「ルワンダ愛国戦線（RPF）」がウガンダからルワンダへ侵攻
1991年	多党制を導入した新憲法が公布される
1993年	タンザニアのアルーシャで、ハビャリマナ大統領がツチと権力を分け合う和平協定に署名し、表面上内戦の終結を示す それを受け、監視のため国連ルワンダ支援団が派遣される
1994年	4月、ハビャリマナ大統領とブルンディの大統領の搭乗機がキガリ上空で撃墜される。RPFが大規模な攻撃を開始 過激派のフツ民兵とルワンダ軍の一分子がツチの組織的大虐殺を開始し、100日間で約80万人におよぶツチと穏健派のフツが殺される フツ民兵は約200万人のフツ難民を連れてザイール（現コンゴ民主共和国）へ亡命
1994～96年	ザイールの難民キャンプが、ルワンダでジェノサイドを起こしたフツ民兵の支配下に入る
1995年	過激派のフツ民兵とザイール政府がツチ系ザイール人を攻撃し、ツチ難民を強制的にルワンダへ帰還させる 国連の任命によるルワンダ国際刑事法廷が、フツ・ツチ間における残虐行為に関する多数の容疑者を裁判にかける
1996年	難民を帰還させるため、ルワンダ軍がフツ民兵の支配下にあるザイールの難民キャンプに侵攻
1997年	ザイール大統領モブツ・セセ・セコが、ルワンダとウガンダが支持する政府反乱軍によって退陣させられる ローレント・カビラがザイール大統領に就任し、国名をコンゴ民主共和国と改称
1998年	コンゴのカビラ大統領が自国から過激派のフツ民兵の追放に失敗したのを受け、ルワンダは同大統領の退陣を狙う政府反乱軍の支持へと方針を転換
2000年	3月、フツ系のルワンダ大統領パストゥール・ビジムングが、議会がフツ系の政治家を汚職調査の対象にしたことを非難し、 新内閣の構成に関する意見の相違を理由に辞任 4月、ポール・カガメ副大統領が、大臣と国会議員の投票によってルワンダの新大統領に選出される
2001年	10月、伝統的な「ガチャチャ」裁判の裁判員選出投票を実施 （住民が主体となって行なうこの裁判は、1994年のジェノサイドに関する未処理件数を減らすことを目的とする） 12月、国家の統一と和解を促進するため、新たな国旗と国歌が発表される